I0517033

EL METODISTA PREGUNTA, EL METODISTA RESPONDE
Explorando la fe cristiana

F. Belton Joyner Jr.

Traducción: Will Faircloth

El metodista pregunta, el metodista responde.
Explorando la fe cristiana

Copyright © 2021, F. Belton Joyner Jr. / Wesley Heritage Foundation, Inc. / Instituto de Estudios Wesleyanos

Todos los derechos reservados.
Ninguna parte de este libro puede ser reproducida o utilizada de ninguna forma ni por ningún medio—grafico, electrónico, o mecánico, incluyendo fotocopia o información y sistemas de recuperación—sin permiso escrito del propietario del copyright, salvo citas cortas como parte de artículos críticos.

ISBN: 978-1-955761-12-3

Para información y más recursos en español, comunicarse con:
El Instituto de Estudios Wesleyanos
www.estudioswesleyanos.org
instituto@estudioswesleyanos.org

Para información general, comunicarse con:
The Wesley Heritage Foundation, Inc.
www.wesleyheritage.org
hello@wesleyheritage.org

Versión original en inglés:
United Methodist Questions, United Methodist Answers:
Exploring Christian Faith
© 2007, 2014, 2021 Westminster John Knox Press

Edición general: Johnny Llerena
Diseño de la portada original: Sharon Adams
Adaptación de la portada al español: David Romero

Contenido

Presentación a la Edición en Español

Conocí al Dr. Belton Joyner en Duke Divinity School, en el *Course of Program* del verano del 2012. Durante el desarrollo del curso que tomé con él admiré su dominio sobre la historia y la doctrina wesleyanas, y gocé además de las sesiones en las que combinaba sus brillantes y dinámicas exposiciones con su buen humor.

La misma profundidad y espontaneidad que el Dr. Joyner muestra en sus clases están plasmadas en su libro *United Methodist Questions, United Methodist Answers: exploring Christian Faith*. El mismo estilo directo y ameno, con mucha información seleccionada, resumida y puesta en lenguaje sencillo, fiel al espíritu wesleyano.

Las virtudes del autor y del libro nos animaron a solicitar la autorización para traducir al español la Edición Revisada de su obra, con la finalidad de que la familia wesleyana de habla hispana también pueda beneficiarse con esta importante contribución.

La traducción de las primeras secciones fue publicada en el blog del Instituto de Estudios Wesleyanos - Latinoamérica (IEW-LA). Para la publicación del libro, la traducción ha sido revisada y completada por Will Faircloth, metodista, magister en divinidades de Duke Divinity School y misionero en Costa Rica.

Si bien el título original *United Methodist questions, United Methodist answers: exploring Christian Faith* refiere a la Iglesia Metodista Unida, para la traducción del título al español hemos optado por emplear solo la palabra "Metodista" en razón de que las bases doctrinales e históricas presentadas en el libro alcanzan a todo el pueblo no solo metodista, sino también wesleyano. En el desarrollo del libro se ha traducido el nombre de la Iglesia Metodista Unida tal cual aparece.

Para la presente edición nos hemos remitido a la colección *Obras de Wesley*, publicada por *Wesley Heritage Foundation*, con una nota al pie en cada cita que el autor hace a *The Works of John Wesley*. Hemos recurrido a la misma fuente en español para los versos de los himnos que aparecen al término de cada pregunta, sino, los hemos traducido nosotros mismos.

Agradecemos al Dr. Belton Joyner, propietario de los derechos del libro en su versión en inglés, por concedernos los permisos para traducir su obra y ofrecerla a la iglesia de habla hispana. Agradecemos también a la editorial Westminster John Knox Press por los permisos concedidos.

Con gran satisfacción, el Instituto de Estudios Wesleyanos - Latinoamérica se complace en presentar a la iglesia de habla hispana *El Metodista pregunta, el Metodista responde: Explorando la Fe Cristiana* como una contribución al fortalecimiento de la práctica, espiritualidad y pensamiento wesleyanos.

Johnny Llerena
Coordinador Ejecutivo
Instituto de Estudios Wesleyanos - Latinoamérica

Introducción a la Edición en Español

¡Bienvenido a nuestro viaje juntos en la tradición Wesleyana! Me encantó cuando el Instituto de Estudios Wesleyanos - Latinoamérica en Lima, Perú, consultó si era posible trabajar para que este libro esté disponible en español. El Instituto está patrocinado y apoyado por Wesley Heritage Foundation, Inc., que tiene sus raíces en Carolina del Norte, EE.UU., y que desde hace veinticinco años ha tenido como finalidad "promover el pensamiento, la espiritualidad y la práctica del avivamiento wesleyano entre los hispano hablantes" en particular, los de América Latina.

Aunque las ediciones anteriores de este libro en inglés estaban destinadas a las personas dentro de la Iglesia Metodista Unida, es evidente que la familia Metodista más grande se sirve del mismo pozo, vive por la misma gracia, y ofrece el mismo Evangelio.

La iglesia protestante en América Latina está estallando en número de personas y en el fuerte entusiasmo por el Evangelio, sobre todo dentro de la tradición que se identifica con John y Charles Wesley y con el avivamiento que promovieron en el siglo XVIII en Inglaterra. De esa energía y pasión vino el movimiento metodista a los Estados Unidos. Mi esperanza es que las "Preguntas y Respuestas" en estas páginas ofrezcan un recurso de beneficio espiritual y educativo a quienes tienen al español como primera lengua y que han encontrado una afinidad especial de la fe cristiana dentro de la tradición del metodismo.

F. Belton Joyner Jr.

Bienvenido al libro

PREGUNTAS

La Biblia está llena de preguntas. Casi cada página tiene a alguien preguntando algo acerca de algo: "¿Dijo Dios: 'No comáis de ningún árbol del huerto'? (Gen 3:1). "Si voy a los hijos de Israel, y les digo: 'El Dios de vuestros padres me ha enviado a ustedes', y ellos me preguntan, '¿Cuál es su nombre?' ¿Qué voy a decir?" (Ex 3:13). "¿Cómo se responderá a los mensajeros de la nación?" (Is 14:32). "OH SEÑOR, ¿Hasta cuándo clamaré por ayuda, y tú no me escucharás?" (Hab 1: 2). "¿Cómo será esto, si yo soy virgen?" (Lc 01:34). "¿Y quién es mi prójimo?" (Lc 10:29). "Pero, ¿quién decís que soy yo?" (Mt 16:15).

De alguna manera, la revelación bíblica es un ritmo de preguntas y respuestas. Y si usted y yo hubiéramos estado allí, seguramente habríamos añadido nuestras propias preguntas. Tal vez esto ayuda a pensar en la iglesia como una comunidad de preguntas más que como una comunidad de respuestas. La actitud de cuestionamiento sugiere movimiento, apertura, y próximos pasos. Sigan preguntando; ¡es buena evidencia de que usted no está muerto!

ESTE LIBRO

El formato de este libro es hacer una pregunta y luego dar una respuesta Metodista Unida. Soy muy consciente de que yo no hablo en nombre de todos los doce millones de metodistas unidos, por lo que he tratado de poner mis respuestas en términos de las normas de la doctrina Metodista Unida (ver pregunta 49) y a la luz de *El Libro de Disciplina 2012 (The Book of Discipline 2012)* (véase la pregunta 73). Con frecuencia se hace referencia a un pasaje bíblico relevante. Después de cada respuesta, he recurrido a la herencia Metodista Unida de la teología en himnos citando uno de los himnos de Charles Wesley (ver pregunta 67). El lenguaje del himno es poético y a veces refleja el uso del inglés del siglo XVIII, pero las letras capturan el corazón de la enseñanza Metodista Unida. Todos los himnos se encuentran en el *Himnario Metodista Unido (The United Methodist Hymnal)*, y al final de este libro aparece una lista de los himnos utilizados.

Mis respuestas no agotan el diálogo. Las preguntas parecen conducir a más preguntas, por lo que he culminado cada sección con una pregunta para una mayor reflexión. Algunas de estas preguntas pueden ser respondidas simplemente desde su propia experiencia; otras buscan respuestas más difíciles de hallar. Estas interrogantes adicionales representan un diálogo continuo de la teología cristiana.

Es difícil para mí como cristiano, con un viaje de toda la vida en las tradiciones del Metodismo Unido, evitar asumir a veces que "todo el mundo sabe eso." Cuando pienso que usted puede desear un punto de referencia rápido para una definición o aclaración, he anotado, "Véase la pregunta ------". Tal vez esto de hojear de ida y vuelta dentro del libro mantendrá la confusión al mínimo.

El Metodismo Unido se encuentra dentro de la corriente mayor de la iglesia cristiana. Mantenemos mucho en común con los hermanos y hermanas de otras tradiciones, pero hay énfasis distintos que nos han dado forma. Este libro a veces extraerá de la herencia cristiana universal y a veces se basará en la fuente del carácter distintivo Metodista Unido.

FUENTES

A lo largo del libro me he referido a algunas fuentes básicas de la Iglesia Metodista Unida. Los Artículos de Religión y la Confesión de Fe (ver pregunta 49) y las Reglas Generales (ver preguntas 31 y 35) y otras declaraciones oficiales se encuentran en el Libro de Disciplina 2012 (ver pregunta 73). (Esto se refiere a *The Book of Discipline of the United Methodist Church 2012* [Nashville: United Methodist Publishing House, 2012])

Las citas de los sermones y otros escritos de John Wesley provienen de *The Works of John Wesley (Las Obras de John Wesley)*, vols. 1-3, editado por Albert Outler (Nashville: Abingdon Press, 1984, 1985, 1986), y vol. 9, editado por Rupert Davies (Nashville: Abingdon Press, 1989). Las citas del comentario al Nuevo Testamento de John Wesley provienen de sus *Explanatory Notes upon the New Testament (Notas Explicativas sobre el Nuevo Testamento)* (n.d; repr, Naperville, IL:. Alee R. Allenson, 1958).

Hay menos citas de Philip William Otterbein, Martin Boehm, y Jacob Albright (ver pregunta 67) de la

Evangelical United Brethren porque estos hombres casi no dejaron documentos escritos.

Los Himnos y referencias a los servicios de culto se han tomado de *The United Methodist Hymnal (El Himnario Metodista Unida)* (Nashville: United Methodist Publishing House, 1989). También hay artículos de *The United Methodist Book of Worship (El Libro de Culto Metodista Unido)* (Nashville: United Methodist Publishing House, 1992).

ABREVIATURAS

Las fuentes utilizadas con frecuencia han sido abreviadas como sigue:

FUENTES DEL METODISMO UNIDO
BOD: The Book of Discipline 2012
BOW: The United Methodist Book of Worship
UMH: The United Methodist Hymnal

LIBROS DE JOHN WESLEY
Notas Explicativas: Explanatory Notes upon the New Testament
Obras: The Works of John Wesley

CÓMO USAR ESTE LIBRO

Si una clase de escuela dominical u otro grupo de estudio quieren examinar estas preguntas juntos, podrían separar trece semanas (un cuarto del año). Hay trece capítulos, uno para cada semana del trimestre. Los miembros podrían hacer el acuerdo de leer una pregunta al día durante seis días y luego se unirían al séptimo día para compartir las cosas que han aprendido, las dudas que se han generado, y las nuevas preguntas que se han planteado. Podría desarrollarse un posible esquema para ese debate, recopilando las preguntas de seguimiento marcadas como "Otra pregunta" al final de cada sección.

Una persona que utiliza este libro podría optar por saltar y sumergirse, siguiendo su propia línea de interés. Analizar las preguntas de seguimiento con un amigo enriquecerá la lectura. Por supuesto, también le invito a leer el libro directamente ¡marcando los márgenes con gritos de reclamo y exclamaciones de gozo si está conforme!

OTRA COSA

Si estas páginas despiertan su interés, es posible que desee echar un vistazo a *Baptist Questions, Baptist Answers* de Bill J. Leonard (Louisville, KY: Westminster John Knox Press, 2009); *Episcopal Questions, Episcopal Answers* por Ian S. Markham y CK Robertson (Nueva York: Morehouse Publishing, 2014); *Lutheran Questions, Lutheran Answers* de Martin E. Marty (Minneapolis:. Augsburg Books 2007). La primera edición de *United Methodist Questions, United Methodist Answers* llegó de la mano de un volumen publicado por Geneva Press (2003), *Presbyterian Questions, Presbyterian Answers*. Estoy agradecido al autor Donald K. McKim por dejarme reproducir sus excelentes ideas. Ocasionalmente me las robé de Donald descaradamente, pero espero haberlas escondido lo suficientemente bien para reclamarlas como mías. Tal vez esta conexión refleja el don gratuito de Dios en la gran familia de la fe. A Dios sea la gloria.

1. Dios

1. ¿CÓMO CONOCEMOS A DIOS?

Lo que sabemos acerca de Dios es lo que Dios nos ha revelado. La comprensión humana de Dios está restringida por los límites de la imaginación y el vocabulario humanos. Dios está más allá de la capacidad humana. Dios es "totalmente otro". A veces esto es denominado la trascendencia de Dios.

Dios ha tomado la iniciativa de ser conocido por la humanidad. El término bíblico para este tipo de conocimiento (*yâda*) tiene una calidad de intimidad y cercanía. Dios está aquí. A veces esto es denominado la inmanencia de Dios.

La expresión completa de Dios está en Jesucristo (véase las preguntas 2 y 7). No es extraño que Jesús sea llamado Emmanuel, que significa "Dios con nosotros." (Mt 1:23). Dios se preocupa tanto de lo que está sucediendo entre los humanos que vino y habitó entre nosotros. ¡Eso nos dice algo acerca de Dios!

Hace mucho tiempo las personas que respondieron a la presencia amorosa de Dios comenzaron a llevar un registro de lo que Dios hizo en medio del pueblo de Dios. Contaron historias. Escribieron poemas. Registraron leyes. Recordaron eventos. Trazaron enseñanzas. Recordaron testimonios. Transmitieron leyendas. Oyeron juicios. Representaron la esperanza. La gente de fe comenzó a reconocer que estos registros de la obra de Dios eran en sí revelaciones de Dios. Por eso decimos que la Biblia es otra forma de llegar a conocer a Dios (2 Tim 3:16; Ver pregunta 43).

Los Metodistas Unidos tienden a enfatizar una experiencia personal con Dios. Un predicador podría decir: "No es suficiente saber acerca de Dios, uno debe conocer a Dios." Esta experiencia personal algunas veces opera en lo evidente ("Dios ha hecho de la orquídea algo bello"), la cual puede llamarse *revelación general*, y a veces solo es acompañante del don de la fe, la cual puede llamarse *revelación especial*. En este sentido, los Metodistas Unidos suelen celebrar la experiencia de su fundador John Wesley (ver pregunta 67), quien escribió en su diario del 24 de mayo 1738 acerca de lo que ocurrió cuando asistió a lo que probablemente fue una reunión de un pequeño grupo de Moravos, en la calle Aldersgate en Londres: "Cerca de un cuarto para las nueve de la noche, mientras él describía el cambio que Dios obra en el corazón a través de la fe en Cristo, yo sentí un extraño ardor en mi corazón. Sentí que confiaba en Cristo, solo en Cristo para la salvación, y recibí una seguridad de que él me había quitado mis pecados, aun los míos, y me había librado de la ley del pecado y de la muerte." De tales encuentros con el movimiento de Dios, llegamos a conocer a Dios.

> Espíritu de fe, baja, revela las cosas de Dios, y haz para nosotros a la Divinidad conocida.

Otra pregunta: ¿Cuál es la diferencia entre saber acerca de Dios y conocer a Dios?

2. ¿QUIÉN ES LA TRINIDAD?

La respuesta más simple a esta pregunta es "Dios". *Trinidad* es el término que la iglesia utiliza para transmitir la realidad de que Dios existe en tres personas; el lenguaje tradicional para estas tres personas es *Padre, Hijo* y *Espíritu Santo*. Estas personas son co-iguales y co-eternales. Ellos moran uno en el otro.

Esta descripción de "tres personas" puede sonar como si fueran tres dioses. ¡No es así! Hay un solo Dios viviente. Los teólogos dicen que estas tres personas son de una sustancia. Eso significa que son de una naturaleza, una esencia, un solo ser. (Esa naturaleza es el amor.) Por eso, la Iglesia proclama que hay un solo Dios.

La Biblia no usa la palabra *Trinidad*, pero la revelación de las tres personas de la Divinidad aparece en las Escrituras. (Por ejemplo, mira a Mt 28:19; 2 Cor 13:13; y Gal 4: 6.) No pasó mucho tiempo para que un pensador cristiano diera con el término *Trinidad* para identificar esta verdad de un Dios en tres personas. Teófilo de Antioquía probablemente usó la palabra alrededor del año 180. Cuando el emperador Constantino convocó a líderes de la iglesia en el año 325 para dirimir las diferencias teológicas que dividían a los fieles, ese concilio en Nicea adoptó la enseñanza de este gran misterio como una doctrina central de la iglesia.

El uso del término masculino *Padre* ha sido un problema para algunos cristianos (véase la pregunta 5). Como una alternativa menos objetable, algunos usan *Creador, Redentor* y *Sustentador*. Uno debe ser cuidadoso respecto de hacer tales cambios en el lenguaje, sin embargo; el significado de la enseñanza podría ser alterado sin querer. Por ejemplo, "Creador, Redentor y Sustentador" nombra tres funciones de Dios. La doctrina de la Trinidad no trata acerca de funciones, sino de la relación entre tres personas. La Iglesia Metodista Unida pide que se use el lenguaje clásico ("Padre, Hijo y Espíritu Santo") en sus servicios bautismales.

La comunidad de la Trinidad representa la plenitud de Dios. Esta realidad fue subrayada para mí cuando un nuevo cristiano me dijo que su himno favorito era el Gloria Patri: "Gloria al Padre y al Hijo y al Espíritu Santo; como era en el principio, ahora y siempre, por todos los siglos. Amén". (Muchas congregaciones metodistas unidas cantan este acto de alabanza todos los domingos.) Yo nunca había oído hablar de alguna persona que prefiera este texto como un himno favorito, así que le pregunté, "¿Por qué el Gloria Patri?" "Porque", respondió, "me dice más acerca de Dios de lo que yo sabía antes."

Dios eterno, en tres personas: deja que todas las huestes en lo alto, y que todo el mundo aquí en la tierra canten de tu amor y moren en él.

Otra pregunta: ¿Cuál persona de la Trinidad le parece más cercana a usted?

3. ¿CUÁL ES EL SIGNIFICADO PRÁCTICO DE LA CREENCIA EN LA TRINIDAD?

Las enseñanzas fundamentales de la fe cristiana hacen una diferencia en cómo vive un cristiano. Cuando una enseñanza es tan compleja y misteriosa como la doctrina de la Trinidad, la conexión con la "vida real", sin embargo, puede ser esquiva. ¿Qué diferencia hace la creencia en la Trinidad el lunes por la mañana? (Para ese caso ¿¡qué diferencia hace el jueves y el viernes!?)

Ayuda recordar que esta confesión central del Dios llegó a ser el centro de atención cuando la iglesia primitiva examinó esta pregunta: ¿Debe ser adorado Jesucristo? En otras palabras, ¿Jesucristo también es Dios? La respuesta fue afirmativa, y la iglesia declaró la convicción de que las tres personas: Padre, Hijo y Espíritu Santo, son iguales en poder y en gloria. El Padre no es mejor que el Hijo (una falsa enseñanza conocida como subordinacionismo afirmó que Jesús era subordinado al Padre), y el Espíritu Santo no es menos que el Hijo.

Puede ser un poco difícil de meter la palabra *subordinacionismo* en una conversación informal, pero es importante que los cristianos entiendan lo que significa que las tres personas de la Trinidad sean iguales. En la Trinidad no hay rivalidad ni jerarquía. Si los seres humanos son creados a imagen de Dios (ver pregunta 19), entonces hemos sido creados para reflejar esa igualdad divina. Cuando elevamos una raza sobre otra o privilegiamos a un género sobre el otro o sugerimos que es preferible la juventud antes que la edad mayor, hemos roto el don de la Trinidad.

La Trinidad modela un vivir relacional. A pesar de que la Trinidad sigue siendo un Dios, la Trinidad vive como tres personas en comunidad. Los cristianos que entienden que el propio ser de Dios se vive en comunidad son llamados ellos mismos, a vivir en comunidad. No es casual que la imagen bíblica de la obra de Dios sea una de comunidad. Nuestra cultura valora el individualismo ("Lo hice a mi manera"), pero la verdad bíblica de la Trinidad nos invita a una vida en común. Aprender a vivir en comunidad es parte de lo que la Iglesia se apropia de la doctrina de Dios en tres personas.

No es de extrañar que la Biblia subraya que somos miembros los unos de los otros (Ef 4:25). No es de extrañar que la Biblia nos recuerda que "nosotros, que somos muchos, somos un cuerpo en Cristo" (Rom 12: 5). No es de extrañar que la Biblia nos enseña que la comunión con el Dios trino es estar en una comunión de amor (1 Jn 1: 3, 3: 1). Si usted no está convencido, eche un vistazo a 1 Juan 2:10. Eso es cierto siete días a la semana.

> Tocado por el imán de tu amor, deja que todos nuestros corazones estén de acuerdo, y siempre del uno hacia el otro se muevan, y siempre se muevan hacia ti.

Otra pregunta: ¿Cómo la vida dentro de la iglesia refleja, o no, a la Trinidad?

4. ¿POR QUÉ PERMITE DIOS EL SUFRIMIENTO?

Un niño se enferma con cáncer. Una enorme tormenta borra todo un pueblo del mapa. Un conductor ebrio impacta el costado de un autobús escolar, matando a cuatro personas e hiriendo a veinte. Relatos cotidianos de sufrimiento están a la mano si tenemos noticias del periódico o internet. La mayoría de veces podemos comprender por qué se ha producido el daño: error humano, uso dañino del medio ambiente, propagación de enfermedades, falta de visión política. Pero a veces parece no haber ningún motivo, razón, justificación, o jurado para explicar por qué se ha producido el sufrimiento.

Detrás de los hechos comprensibles y de los misterios, se encuentra una pregunta básica: ¿Por qué un Dios que está a cargo del mundo permitiría que tales cosas sucedan? Los Metodistas Unidos creen que Dios creó a la humanidad con una capacidad para el libre albedrío (ver pregunta 22). Que el libre albedrío no tiene sentido si nuestras decisiones no tienen consecuencias. Nuestra libre elección del pecado, no solo rompe nuestra relación con Dios, sino también rompe la tela de las relaciones humanas. Nótese que en Génesis 3: 6-7, inmediatamente después del pecado de Adán y Eva contra Dios (su historia es nuestra historia) ellos también llegaron a separarse uno del otro y empezaron a esconderse uno del otro, detrás de hojas de higuera. (Teniendo en cuenta cuán ásperas son las hojas de higuera, yo diría que ¡ellos no hicieron una muy buena elección de sastrería!) Su pecado contra Dios conduce directamente a la ruptura entre ellos.

Por lo tanto, los Metodistas Unidos entienden que cierto sufrimiento humano se debe a lo que nuestro pecado nos lleva a hacernos los unos a los otros.

Aún después de admitir los sufrimientos que causamos, quedan hechos y circunstancias que parecen no tener sentido ni explicación razonable. Resulta que toda la creación se ha caído de la voluntad de Dios. Cuando Dios arregle las cosas, eso requerirá un nuevo cielo y una nueva tierra (Ap 21: 1), hechos posibles porque la reconciliación de Cristo es para toda la creación (Col 1: 19-20). Dios puede redimir el sufrimiento. El poder de la resurrección, que sobreviene a la muerte de Jesús en la cruz, revela cómo Dios puede entrar en nuestro sufrimiento y de éste traer la victoria.

Dios crea todo para ser bueno (1 Tim 4: 4). Dios no causa sufrimiento, pero lo permite como complemento de la libertad humana. La buena noticia de esto es que Dios no nos deja solos en nuestro sufrimiento, sino (como muestra la cruz) entra plenamente con nosotros en nuestros momentos de sufrimiento. De vez en cuando, vislumbramos ese reinado de Dios donde la imagen perfecta de Dios se restaura y toda la creación guarda su gemir y tiene el fruto pleno del Espíritu (Rom 8: 18-23). ¡No es de extrañar que se llame esperanza!

> Termina, entonces, tu nueva creación; puros y sin mancha seamos. Veamos tu gran salvación perfectamente restaurada en ti.

Otra pregunta: ¿Cómo Dios está presente con nosotros en momentos de sufrimiento?

5. ¿ES CORRECTO LLAMARLE A DIOS "PADRE"?

Dios está más allá de nuestra capacidad verbal, por lo tanto, el lenguaje humano quedará corto ante cualquier esfuerzo de describir o hablar de Dios. (Después de todo, los Metodistas Unidos entienden que lo que sabemos de Dios es porque Dios lo ha revelado a nosotros; véase la pregunta 1.) Aun así, los nombres que utilizamos para Dios llegan a ser una manera en la que conseguimos conocer a Dios y una manera de presentar a Dios a otras personas.

Los nombres marcan la diferencia. ¿Qué imágenes le vienen a la mente cuando escucha el nombre *Kermit* o *Samantha* o *Luis*? Las imágenes que vienen a su mente y las que vienen a la mía bien pueden ser diferentes porque hemos tenido experiencias diferentes con personas llamadas Kermit, Samantha, y Luis. Estoy pensando en Kermit Braswell, Samantha Swivel, y Luis Reinoso. ¿Usted pensó lo mismo? Probablemente no. Es posible que haya pensado en una rana verde, una bruja de la televisión, y un jugador de béisbol. ¿Estaríamos en lo correcto? La respuesta a esa pregunta es "¡Sí!" Tanto usted como yo.

Bíblicamente, los nombres son tan importantes que a menudo el nombre de una persona cambia cuando alguna característica importante en su vida cambia (Gen 17: 5; 17:15; 32:28; Hch 13: 9). Los nombres no son elegidos al azar (Jer 33:16; Mt 1:21).

Entonces, ¿qué nombre usaremos para Dios? Cuando Moisés hizo la misma pregunta, Dios respondió: "YO SOY EL QUE SOY." De hecho, Dios dijo: "Este es mi nombre para siempre" (Ex 3: 13-15). Jesús hizo un agregado a esa revelación al referirse a Dios como Padre (Mt 6: 9; Jn 17: 1). Durante siglos, la Iglesia ha mantenido ese lenguaje y ha identificado a la Trinidad como Padre, Hijo y Espíritu Santo. La Iglesia Metodista Unida reconoce ese lenguaje y pide su uso en el vocabulario litúrgico del bautismo.

Pero YO SOY y "Padre" no agotan las experiencias bíblicas de Dios. ¿Y el "Dios de Abraham" (Ex 3:15)? ¿Qué hay de "Pastor" (Sal 23)? ¿Qué hay de "Mujer en Parto" (Is 42:14)? ¿Qué hay de la "Mujer en Busca de una Moneda" (Lc 15: 8-10)? ¿"Creador"? ¿"Hacedor"? ¿"Señor"? ¿"Jehová"? ¿"Rey"? ¿"Todopoderoso"?

En los últimos años, los Metodistas Unidos, entre otros cristianos, se han dado cuenta de que el uso constante de imágenes y nombres solamente masculinos de Dios lleva a algunos a pensar que Dios es masculino. ¡No es así! Dios no es hombre; Dios es espíritu (Jn 4:24). El uso exclusivo de *Padre* ha sido un problema para personas para quienes *Padre* no es un término positivo. Lo mismo se podría decir del uso exclusivo de *Madre* o *Padres* o *Rey*; para algunas personas estos términos son recuerdos de malos pasados, incluso del mal. ¿Cómo se puede ser fiel a la Escritura y al mismo tiempo ser sensible a las personas para quienes el lenguaje tradicional les resulta difícil?

Mira otra vez la pregunta 2 para tener cierto cuidado sobre, casualmente, la sustitución de términos por *Padre* al nombrar a las personas de la Trinidad. Por otro lado, Jesús establece el modelo para nosotros al usar una variedad de imágenes y nombres de Dios, con mayor frecuencia *Padre* (Jn 17:21), *Dios* (Mt 4: 4), *Señor* (Mt 4: 7), *Poder* (Mt 26:64), *Presencia* (Mt 12: 4), así como numerosas metáforas: Pastor, la mujer que busca la moneda perdida, la madre soltera, el padre que espera, el juez. (Esta lista ni siquiera comienza a incluir los nombres y descripciones de la segunda y tercera personas de la Trinidad: *Verdad, Vida, Mesías, Abogado, Consolador.*)

El mismo abanico y gama de maneras de referirse a Dios reflejan tanto la "otredad" de Dios como nuestra fragilidad humana en el intento de hablar acerca de Dios y con Dios.

> Es aquí que miramos hacia arriba y nos aferramos a tu mente, es aquí que esperamos tu imagen para encontrar; los medios para otorgar tus dones que abrazamos; pero todas las cosas se deben a la gracia de Jesús.

Otra pregunta: ¿Qué nombre o imagen de Dios tiene mayor significado para usted?

6. ¿QUÉ CREEN LOS METODISTAS UNIDOS ACERCA DE LA EVOLUCIÓN?

Los Metodistas Unidos creen que Dios es "creador del cielo y de la tierra" (para usar el lenguaje de los dos credos históricos: el Credo de los Apóstoles y el Credo de Nicea). Los Metodistas Unidos no siempre están de acuerdo entre ellos sobre cómo Dios decidió traer la creación a la existencia. La Biblia, sin embargo, es clara en cuanto a que la creación es la obra de Dios: Nada fue creado sin la Palabra de Dios (Jn 1: 3), y todas las cosas fueron creadas a través de Cristo y para Cristo (Col 1:16).

Pero la pregunta permanece: ¿Cómo hizo Dios para crear? Muchos Metodistas Unidos creen que las preguntas sobre el "cómo" están más allá de la revelación de las Escrituras. Las Escrituras contienen todo lo que es necesario para la salvación (como se declara en los Artículos de Religión y en la Confesión de Fe; véase la pregunta 49), pero no todo lo que es necesario para el estudio de la geografía, la historia y la ciencia. Las narraciones en Génesis dejan claro que Dios es el Creador; la humanidad y el resto del orden creado son creatura. La actividad creadora de Dios da sentido al desarrollo de la vida.

Casi todos los científicos aceptan la teoría de la evolución. Nada en esa teoría niega la formación del mundo por Dios. De hecho, la teoría de la evolución deja sin resolver las mismas preguntas que formulan las Escrituras: ¿Quién? ¿Por qué? ¿Hacia dónde ahora?

Las tensiones entre la ciencia y la fe se agravan cuando cada una trata de responder a las preguntas destinadas a la otra. Pregúntame cómo jugar *dartball*, pregunta a mi hermana cómo cultivar plantas de interiores, pero no le pidas que describa las complejidades de lanzar un dardo al pequeño tablero para un triple, y no me pregunte si recortar un cactus de Navidad causará que este crezca o muera. Peggy y yo no manejamos bien las preguntas que les corresponden al otro; ocurre lo mismo con la ciencia y la fe.

La mayoría de los Metodistas Unidos -digo esto con gran autoridad, porque, después de todo ¡le pregunté a tres personas! - toman su decisión acerca de la evolución en función de su aceptación (o no) de la validez científica de esta. Dios llamó a la existencia a las cosas que no existían (Rom 04:17). La vida existe dentro de Dios (Jn 5:26). Dios habló y la creación comenzó (Gn 1: 1-3). Si la narración está en las imágenes y en el lenguaje de los escritores bíblicos basándose en sus propios puntos de referencia o si la narración se explica en términos complejos de ADN y selección genética y estructura molecular, la conclusión es la misma: Esta es la obra de Dios.

> Dios, en quien se mueven y viven, que cada criatura cante, gloria a su Creador dar, y homenaje a su Rey.

Otra pregunta: ¿Por qué es la evolución un tema tan candente para muchos cristianos?

2. Jesucristo

7. ¿QUÉ SIGNIFICA LA ENCARNACIÓN?

En mi equipo favorito de béisbol, los Cardenales de San Luis, antes había un jugador llamado Juan Encarnación. Me gustaba la forma en que el nombre salía de la lengua. Su apellido es español para *incarnation*. Una traducción literal de su nombre es (al inglés) *"embodiment"*. Su carrera terminó en el 2007 cuando fue golpeado en el ojo por una *foul ball*. Estar involucrado en este mundo nos expone al peligro, a la angustia y a la muerte. La encarnación hace eso.

Los cristianos (incluyendo a los Metodistas Unidos) proclaman que Jesús es la "incarnation", la *Encarnación*. ¿Qué encarna Jesús? Jn 1:14 nos da la respuesta: la Palabra. Es decir, lo que Dios tenía que decir, lo que Dios quería expresar, lo que Dios quiso revelar fue hecho carne en Jesús: "La Palabra se hizo carne y habitó entre nosotros." Y esa Palabra Encarnada enfrentó al peligro, la angustia, la muerte.

Es una osadía. Afirmar que un hombre en Palestina hace unos dos mil años fue totalmente humano (carne) y totalmente divino (Palabra) es una afirmación central de la fe cristiana. ¿Divino? Puede ser. ¿Humano? Probablemente. Pero ¿ambos? Sin embargo, por siglos los cristianos han hecho precisamente esa proclamación: Jesús de Nazaret es Dios encarnado.

La humanidad de Jesús era real. Heb 4:15 señala que Jesús se sometió a las mismas tentaciones que nosotros. Tuvo hambre y comió (Mt 9:10). Su muerte fue real, no fingida (Lc 23:46). Él asumió nuestra humanidad con la finalidad de redimirnos (Rom 8:3-4). Él llevó nuestros pecados en su muerte en la cruz (Rom 5: 8). Su resurrección nos ofrece vida nueva (Rom 8:11).

La divinidad de Jesús fue real. Jn 1: 1 comienza con una clara afirmación de que esta Palabra que se hizo carne era Dios. Col 1:19 es una declaración poética de "la plenitud de Dios" habitando en Jesucristo. Flp 2:6 es un recordatorio de que Cristo Jesús fue "en forma de Dios". No hay separación del amor de Dios en Cristo Jesús (Rom 8:38-39).

Encarnación, entonces, significa que lo Divino y lo humano son misteriosamente lo mismo. El Credo Niceno proclama sobre este don, "Dios de Dios, Luz de Luz, Dios verdadero de Dios verdadero". En Jesucristo, hay plena humanidad y plena divinidad.

De vez en cuando, algunos cristianos han lidiado tanto con esta creencia que han tratado de recortar parte de ella. Los docetistas argumentaban que Jesús sólo parecía ser humano. Los modalistas alegaban que no hay ninguna obra distintiva para que Jesús, el Hijo, haga. Los subordinacionistas (ahí tienes una gran palabra para que muestres a tus amigos lo mucho que has aprendido) decían que el Hijo fue menos divino que el Padre. Los monarquianistas insistían en que Dios el Hijo no era igual a Dios el Padre. Cada vez que la iglesia ha escuchado estas afirmaciones, la iglesia ha afirmado una vez más la comprensión bíblica de que Jesús vino como ambos, plenamente humano y plenamente divino - encarnación.

La divinidad sublime en la carne se veló; ¡ved a Dios morando en carne y adorad al Hombre Dios! Emmanuel.

Otra pregunta: ¿Cuáles son los dones de la humanidad de Cristo? ¿Y de la divinidad de Cristo?

8. ¿JESÚS NACIÓ REALMENTE DE UNA VIRGEN?

Casi todos los metodistas unidos reivindicarían la convicción sobre el nacimiento virginal de Jesús, pero lo que cada persona quiere decir con esa afirmación varía mucho. Para algunos, el nacimiento virginal significa que María, la madre de Jesús, no tuvo relaciones sexuales antes de la concepción de Jesús en su vientre ("concebido por el Espíritu Santo" como el Credo de los Apóstoles dice, tal vez el mejor término sería "concepción virginal"). Unas pocas personas, tal vez satisfechas de que han aprendido a pronunciar la palabra, declaran el nacimiento de Jesús como *"partenogénesis"*, un término científico utilizado para describir los nacimientos en la naturaleza que se producen sin la participación masculina. Otros metodistas unidos entienden que el *nacimiento virginal* es el símbolo escogido por la iglesia para subrayar el hecho de que Dios (el Espíritu Santo) fue parte integrante de lo que pasó en el nacimiento del Mesías.

Mateo 1:18-25, Lucas 1:26-35 y Juan 01:13, apuntan hacia una interpretación clara de que María era virgen y que Jesús fue concebido no por relaciones sexuales humanas, sino por la intervención del Espíritu Santo. Por otra parte, Marcos, quien preparó un "fondo de la cuestión" más corto del Evangelio, no hace ninguna mención de tal milagro. Pablo explora muchos ángulos de la cristología (enseñanzas acerca de Cristo) y no hace referencia a un nacimiento virginal. O Marcos y Pablo simplemente lo asumieron, o no encontraron el asunto de mucha importancia.

Algunas traducciones de Isaías 7:14 dicen que "una virgen concebirá, y dará a luz un hijo." ¿Apunta esto a una comprensión literal del nacimiento virginal? Estudios recientes han demostrado que la palabra a veces traducida como "virgen" en Isaías 7:14 en realidad es una palabra que significa "mujer joven en edad de casarse". Tal examinación del texto de Isaías deja sin responder a la pregunta sobre el sentido de esta profecía del Antiguo Testamento.

Los primeros cristianos no hubieran pensado que el nacimiento virginal de Jesús lo hizo único. Las culturas griega y romana estaban llenas de historias de dioses que nacieron de vírgenes: Perseo, Dionisio, Horus, y Mitra, por ejemplo. La declaración del nacimiento virginal de Jesús parece ser una clara celebración de que nuestro Señor es a la vez humano y divino.

Algunos estudiosos han argumentado que cuando los antiguos credos hablaron del nacimiento virginal, el énfasis no estuvo en la *virgen*, sino en el *nacimiento*. La cuestión fue si Jesús era humano. Ellos enseñaron que "¡Sí! ¡Él nació ser humano!". Documentos clásicos de la Iglesia Metodista Unida (ver pregunta 49) dan por sentado que Jesús nació de una virgen. Metodistas Unidos contemporáneos no están de acuerdo sobre si el *nacimiento virginal* es una declaración biológica o una declaración teológica.

> Cristo, por el más alto cielo adorado; Cristo, el Señor eterno; a finales del tiempo he aquí que venga, descendiente del vientre de una virgen.

Otra pregunta: ¿En qué medida la doctrina del nacimiento virginal es esencial para la salvación?

9. ¿DÓNDE ESTABA JESÚS CUANDO EL MUNDO FUE CREADO?

Nunca ha habido un momento en que Jesucristo no haya existido. Habiendo dicho esto, vamos a retroceder un poco y llegar a esta pregunta desde otro lado. ¡Quédense conmigo un momento! Para los cristianos, una herejía es una doctrina o enseñanza religiosa contrarias a la verdad aceptada de la iglesia. Para los Metodistas Unidos (y la mayoría de otros cristianos) esto significa que una herejía es un error que se aparta de la revelación bíblica.

Ahora regresemos al siglo IV. Un líder de la iglesia llamado Arrio enseñó que, dentro de la Trinidad, el Hijo fue creado por el Padre (y por lo tanto era una creatura). En una decisión teológica oficial, la Iglesia proclamó herejía a esta idea, una enseñanza falsa. (Esta herejía se conoce como el arrianismo. ¿Le gustaría tener una herejía que lleve su nombre?)

¿Qué diferencia hace todo esto? El arrianismo derrumba uno de los principales postulados de la doctrina de la Trinidad, es decir, que el Padre, el Hijo y el Espíritu Santo son eternos. Si el Hijo fue creado por el Padre, el Hijo no sería eterno. (Todo esto tendrá más sentido si usted duerme esta noche con la respuesta a la pregunta 2 debajo de la almohada.) La verdad bíblica es que el Hijo es plenamente divino, por lo que nunca ha habido un momento en que el Hijo no haya existido.

En un comentario en Juan 1:1, Juan Wesley escribió que "la Palabra existía sin ningún principio". Esto se conoce como la preexistencia de Cristo. El sustento bíblico para esto se encuentra en Colosenses 1:15-20 ("Él mismo es antes de todas las cosas"); Hebreos 1: 1-3 ("la imagen misma del ser mismo de Dios"); Juan 1: 1 ("En el principio era el Verbo... y el Verbo era Dios"); y Filipenses 2: 5-8 ("en forma de Dios").

Los Artículos de Religión de la Iglesia Metodista utilizan los términos *eterno* y *hacedor*... de todas las cosas para referirse a las tres personas de la Trinidad. La Confesión de Fe de la Iglesia Evangélica Hermanos Unidos utiliza "eterno" y "Creador" para hablar de la Trinidad. (Mira la pregunta 49 para las reflexiones acerca de la autoridad de los Artículos y las Confesiones. Estas declaraciones vienen de las dos corrientes que confluyeron para formar la Iglesia Metodista Unida.). Así que volvemos al punto de partida: Nunca ha habido un momento en que Jesucristo no haya existido.

O Amor divino, ¿qué has hecho? ¡El Dios inmortal ha muerto por mí!

El Hijo coeterno del Padre llevó todos mis pecados sobre el madero.

El Dios inmortal por mí ha muerto: ¡Mi Señor, mi Amor es crucificado!

Otra pregunta: Debido a que Cristo estuvo presente en la creación ¿qué sabemos acerca de la naturaleza de la creación?

10. ¿POR QUÉ JESÚS TUVO QUE MORIR?

Jesús dijo que él no tenía que morir. En Juan 10:18, nuestro Señor afirma que él entrega su vida por su propia voluntad, no porque él sea forzado a hacerlo. Pero Jesús también dice que a pesar de que no tenía que hacerlo, él entregaría su vida para que las personas sean redimidas (Mc 10:45). La iglesia primitiva entendió que este plan de salvación era el propósito de Dios todo el tiempo (Mt 26:56; Hech 2:23).

Los Metodistas Unidos están de acuerdo con la mayoría de los cristianos que afirman que la muerte de Jesús arregló las cosas entre Dios y la humanidad. Esta acción se llama a veces expiación.[1] La palabra *expiación* significa restaurar una relación de dos entidades que han sido separadas. ¿Que fue separado? Dios y la humanidad. Nuestra elección del pecado nos separó del Dios santo. ¿Cómo nos reunimos con Dios? 1 Tes 5: 9-10 es una manera en que Pablo declaró que la muerte de Jesús nos restauró a nosotros, pecadores, a la vida: "Nuestro Señor Jesucristo… murió por nosotros, así que… podemos vivir con él.".

Hay varias teorías de la expiación, y los Metodistas Unidos varían en el énfasis que ponen en estos conceptos. Un punto de vista es que nosotros los pecadores éramos propiedad de mal (el diablo), y un rescate se tuvo que pagar con el fin de ganarnos de nuevo a Dios (1 Tim 2: 6). La muerte de Jesús es ese pago del rescate en favor nuestro. Otra comprensión es que la ira de Dios contra el pecado podría ser mitigada solamente por un sacrificio (Rom 5:18). Ningún ser humano pecador podía hacer ese sacrificio, por lo que, sin pecado, Jesús se convirtió en nuestro sustituto y tomó toda la ira de Dios sobre sí mismo. Una tercera sostiene que la redención es simplemente la influencia moral del amor, que se observa con mayor plenitud en la muerte de Jesús en la cruz (1 Ped 2:21). La humanidad se mueve por este amor a aceptar la salvación gratuita de Dios. Otra interpretación es que mientras que la muerte de Jesús en la cruz mostró el poder del mal, la resurrección mostró la victoria final de Dios (Col 2:15). Sin la muerte de Jesús, no hay victoria en la resurrección.

Hay algún hilo de verdad bíblica en cada una de estas percepciones. En cada caso, los Metodistas Unidos reconocen que la muerte de Cristo en la cruz fue suficiente para nuestra salvación. (Los Artículos de Fe de la Iglesia Metodista la llaman "la redención perfecta.") Lo importante es que Jesús murió para que podamos ser salvos.

Es misterio todo: ¡El Inmortal muere! ¿Quién puede explorar su extraño designio?

En vano el primogénito serafín intenta sonar las profundidades del amor divino. ¡Es todo misericordia!

Deja a la tierra adorar; deja que los pensamientos del ángel no pregunten más.

Otra pregunta: ¿Qué teoría de la expiación trae más luz a su caminar cristiano?

11. ¿CUÁL ES EL SIGNIFICADO DE LA RESURRECCIÓN DE JESÚS?

No hay ningún informe de alguien que vio a Jesús levantarse de entre los muertos, pero la verdad de su resurrección es el corazón de la fe cristiana. La resurrección de Jesús es tan central que sin esa resurrección, dice Pablo, todavía estamos pereciendo en nuestros pecados, y nuestra fe es vana (1 Cor 15: 12-20).

Los primeros creyentes expresaron su confianza en la resurrección por la retransmisión de narraciones de las apariciones de Cristo resucitado -por ejemplo, a las mujeres en la tumba recién vacía (Mt 28: 9), a dos discípulos que estaban caminando (Mc 16:12), a los once discípulos (Mc 16:14), a Tomás (Jn 20:26), a siete de los discípulos que estaban pescando (Jn 21: 4-7). Pablo también afirmó una visión del Señor resucitado (Hech 9: 5) y enumeró a otros a quienes Jesús se apareció (1 Cor 15: 5-8).

La resurrección de Jesús tiene sentido solo si Jesús estaba realmente muerto. De vez en cuando los detractores han propuesto que Jesús solo parecía estar muerto. (Aunque el lirio se utiliza a menudo como un símbolo de la Pascua de resurrección, tal vez es solo un signo parcial de la resurrección, porque el lirio solo parece estar muerto, pero hay realmente vida dentro del bulbo latente.) Jesús estaba muerto. Si no lo estuviera, la resurrección sería un engaño y la fe sería un fraude.

La evidencia de la resurrección es la transformación de aquellos que se encontraron con el Cristo resucitado. ¡Quién no sería transformado por el encuentro con el Señor resucitado! Y porque él está vivo, nosotros en el siglo XXI también podemos encontrarnos con él. Resurrección no es lo mismo que resucitación; si alguien es resucitado, él o ella todavía va a terminar en la página de obituarios en el futuro. Jesús, que fue resucitado, todavía está vivo.

Si Jesús está vivo, ¿por qué no está él caminando en la tierra donde la gente pueda verlo? La enseñanza de la Iglesia es que Jesús ascendió en una nube (Hech 1: 9). En la Biblia, la presencia de una nube es a menudo el signo de la presencia de Dios (ver Ex 13:21 Lc 9:35, por ejemplo). Lo que haya pasado en esa escena, existe la seguridad de que Dios estuvo presente. Los Metodistas Unidos celebran eso cada año en el cuadragésimo día después de Pascua (o el domingo siguiente), el Día de la Ascensión. La humanidad de Jesús ha ascendido al cielo, donde Jesús reinará (1 Cor 15:25). Aun así, la liturgia de la Santa Comunión proclama, "¡El Cristo resucitado está con nosotros!"

La resurrección de Jesucristo nos da la esperanza de nuestra propia resurrección a la vida eterna (1 Pe

1:3-4.). La resurrección de Jesucristo equipa a los creyentes a caminar en novedad de vida, incluso ahora (Rom 6:5). La resurrección de Jesucristo puede movernos del pecado a la justificación (Rom 4:24-25). La resurrección de Jesucristo es la primicia de la comunidad de vida eterna (2 Cor 4:14). De donde yo vengo, eso suena como una buena noticia.

> Obra redentora de amor es hecha, ¡Aleluya! Peleó la lucha, la batalla ganó, ¡Aleluya!
> La muerte en vano le prohíbe que se levante, ¡Aleluya! Cristo ha abierto el paraíso, ¡Aleluya!

Otra pregunta: ¿Qué significa la resurrección de Cristo para su vida diaria?

12. ¿VENDRÁ JESÚS OTRA VEZ?

Sí, pero los Metodistas Unidos no son propensos a meterse en un debate amplio sobre cuándo sucederá esto. Por otro lado, algunas tradiciones argumentan ampliamente acerca de un período de mil años de sufrimiento, o un período de mil años de dominación, o un período de tribulación. Ocasionalmente, algunos creyentes desarrollan una fórmula complicada que parece mencionar el tiempo exacto, y tal vez hasta el lugar, del regreso de Jesús. No es necesario decir que hasta ahora todas estas predicciones han sido erróneas. Jesús advirtió en contra de tales conjeturas (Mt 24:36; Hech 1:7).

Al final de las *Notas Explicativas sobre el Nuevo Testamento*, John Wesley adjunta una especie de cronograma para los eventos que conducen hacia el regreso de Cristo. Después de conjeturar algunas fechas, cierra la lista con la palabra general *"posteriormente"*. Wesley reconoció el peligro de ser demasiado específico con descripciones de las acciones finales de Dios. Los estudiantes de la Biblia usan el término *escatología* para identificar aquellos asuntos relacionados con las últimas cosas. Aunque algunos cristianos gastan una gran cantidad de energía espiritual en el rapto como la máxima expresión del regreso de Cristo, los Metodistas Unidos normalmente no lo hacen. (La idea del rapto se basa en 1 Tes 4: 13-18 en el que Pablo ofrece aliento a los tesalonicenses al enseñar que toda la familia de Dios, muerto y vivo, pertenecerá a Cristo).

Algunas personas sienten que no es apropiado hablar de la segunda venida de Cristo, porque ese lenguaje implica que Cristo no está presente con nosotros ahora. Términos alternativos son *venida* final o *Parusía*, una palabra griega que significa "presencia" o "llegada". Los Artículos de Religión y la Confesión de Fe (así como los credos tradicionales como el Credo de los Apóstoles y el Credo de Nicea), todos reivindican el regreso triunfal de Jesús. Después de todo el debate y la discusión, el punto principal es que Dios va a ganar y que Jesucristo es la evidencia de esa victoria.

Parte de la comprensión de la Iglesia Metodista Unida sobre la Parusía es la expectativa de que Cristo vendrá como juez. En sus sermones, John Wesley dice que cada uno de nuestros pensamientos, cada una de nuestras palabras, y todos nuestros actos estarán sujetos a examen por Dios. No es de extrañar que nos alegramos de que nuestra salvación (ver preguntas 25-30) es por fe dada a nosotros por gracia y (¡alabado sea el Señor!) no por nuestra boleta de calificaciones del día final.

> He aquí que viene con las nubes descendiendo, una vez por los pecadores favorecidos muerto;
> mil, mil santos asistiendo hinchan el triunfo de su séquito.
> ¡Aleluya! ¡Aleluya! ¡Aleluya! Dios aparece en la tierra para reinar.

Otra pregunta: ¿Cómo afectada hoy a su vida la promesa de la venida final de Cristo?

3. El Espíritu Santo

13. ¿QUÉ TIENE QUE VER EL ESPÍRITU SANTO CON JESÚS?

El Espíritu Santo es un miembro co-igual y co-eterno de la Trinidad (ver pregunta 2). En los primeros siglos de la vida de la iglesia, gran parte del debate y aclaración fue acerca de la cristología: ¿Quién es Jesucristo? A medida que la iglesia comenzó a expresar la fe en forma de credo (alrededor del siglo IV), la doctrina de la plena divinidad del Espíritu Santo se movió al centro del escenario.

El Antiguo Testamento usa la palabra hebrea ruah ("*aliento*") para el Espíritu; el Nuevo Testamento usa la palabra griega *pneuma* ("viento"). Estas palabras nos recuerdan que el Espíritu Santo es tan esencial como la respiración y que el Espíritu Santo se mueve tan libremente como las brisas (Jn 3:8). El espíritu se movía sobre las aguas cuando la creación irrumpió a la existencia (Gn 1:2). El Espíritu distribuye dones espirituales como el Espíritu elige (1 Cor 12:11). El Espíritu intercede por nosotros cuando nuestras oraciones son frágiles (Rom 8:26-27).

Jesús promete que el Espíritu Santo vendrá cuando los discípulos ya no sean capaces de ver a Jesús (Jn 14:16). En este versículo, la palabra elegida por nuestro Señor para representar el Espíritu Santo se traduce generalmente como "Abogado" o "Ayudante" o "Intercesor". La palabra griega es *Paráclito*. Así como *paralegal* define a alguien que trabaja junto a un abogado y *paradoja* significa "dos verdades que existen una al lado de la otra", así la palabra *Paráclito* significa "alguien llamado a caminar a nuestro lado." ¡Ese es el Espíritu Santo!

Jesús dice que pedirá al Padre que envíe el Espíritu Santo (Jn 14:16); en cierto sentido, la historia del Nuevo Testamento es la historia de la venida del Espíritu Santo. Hechos 2: 1-12 abre la aparición del Espíritu Santo en Pentecostés. El poder del Espíritu en la vida cristiana es esencial; 1 Corintios 12: 3 dice que "nadie puede decir 'Jesús es el Señor' sino por el Espíritu Santo."

Alrededor del año 600, hubo una gran disputa en la iglesia en cuanto a si el Espíritu Santo procede solo del Padre o del Padre y del Hijo. El Metodismo Unido se encuentra en la variedad del cristianismo que afirma que el Espíritu procede del Padre y del Hijo. El término griego *filioque*, que significa "y del Hijo", se utiliza para hacer esta distinción. Hoy en día pocas personas se interesan mucho en este sutil punto doctrinal, pero es un recordatorio útil del Espíritu, quien es el Espíritu de Cristo (Rom 8: 9; Gal. 4: 6; Fil 1:19).

Nadie puede realmente decir que Jesús es el Señor,
a menos que retire el velo y respire la Palabra viva.

Otra pregunta: ¿Cuándo es el Espíritu Santo más real para ti?

14. ¿CUÁL ES LA OBRA DEL ESPÍRITU SANTO EN LA IGLESIA?

Los Metodistas Unidos oran con frecuencia para que el Espíritu Santo impacte el camino cristiano.

• Después que las personas son bautizadas en el nombre del Padre y del Hijo y del Espíritu Santo, el pastor dice a cada uno: "El Espíritu Santo obre dentro de ti, que siendo nacido del agua y del Espíritu, usted pueda ser un fiel discípulo de Jesucristo "(BOW, 91).

• En la Gran Acción de Gracias del Culto de Comunión, el pastor ora: "Derrama tu Espíritu Santo sobre nosotros aquí reunidos, y sobre estos dones de pan y vino… Por tu Espíritu haznos uno con Cristo, …demostrando el fruto del Espíritu "(BOW, 69).

• En el servicio de confirmación y la profesión de fe, el pastor dice: "El Espíritu te confirme en la fe y la comunión de todos los verdaderos discípulos de Jesucristo" (BOW, 108).

• En el servicio de ordenación de un presbítero, el obispo ora: "Señor, derrama sobre [esta persona] el Espíritu Santo para el oficio y el trabajo de un presbítero, en el nombre del Padre, y del Hijo, y del Espíritu Santo "(BOW, 677).

• En la despedida en un servicio de muerte y resurrección, el pastor pide una bendición que Dios "permita que ustedes sean fortalecidos con poder por el Espíritu de Dios en su ser interior" (BOW, 151).

El Espíritu Santo nos da el don de la fe (1 Cor 12:3). El Espíritu Santo nos equipa con dones para el camino de la fe (1 Cor 12:4-6). El Espíritu Santo nos mueve hacia una vida santa (santificación) (2 Tes 2:13). El Espíritu Santo obra para dar unidad a la iglesia (Ef 4:3-4). El Espíritu Santo nos da la esperanza de un buen mañana (Rom. 8:16-17). El Espíritu Santo, incluso ¡patea nuestras oraciones a un nivel superior (Rom 8:26-27)!

Un énfasis en la teología Metodista Unida es la creencia de que el Espíritu Santo da el don de la seguridad (Rom 8:16). John Wesley decía que la enseñanza de la seguridad era "una gran parte del testimonio que Dios ha dado [a los metodistas] para llevar a toda la humanidad" (*Obras*, vol. 1, p. 285).[2] Los Metodistas Unidos entienden que normalmente una persona que ha sido salvada por la fe también le es dada la seguridad de esa salvación. A los Metodistas Unidos les encanta contar la historia (y he hecho así ya una vez en este libro) del 24 de mayo de 1738, cuando el propio Wesley obtuvo este don de la seguridad en una reunión en la calle Aldersgate, en Londres. Él narró: "Sentí en mi corazón un extraño calor. Sentí que confiaba en Cristo, solo en Cristo para la salvación; y una seguridad me fue dada, que Él había quitado mis pecados, incluso los míos, y me salvó de la ley del pecado y la muerte". Esta seguridad es un don del Espíritu Santo.

Dios, por medio del Espíritu sabremos si tú dentro de nosotros brillas, y suenas, con todos tus santos abajo, las profundidades del amor divino.

Otra pregunta: ¿Cómo te ha dado el Espíritu Santo el don de la seguridad?

15. ¿Cuál es la obra del Espíritu Santo fuera de la iglesia?

Jacob Albright fue el fundador de la Iglesia Evangélica (que se convirtió en parte de la Iglesia Evangélica de los Hermanos Unidos en 1946, que llegó a ser parte de la Iglesia Metodista Unida en 1968). Como laico, se le conocía como "un honesto fabricante de baldosas." Lo llamativo de esta descripción es que ilustra parte de las raíces del Metodismo entendiendo que una vida santa no es solo hacer las cosas bien en la iglesia, sino también se trata del seguimiento de la guía del Espíritu en la vida diaria. Jacob Albright creía que el Espíritu Santo quería que los azulejos Albright fueran hechos de la mejor arcilla, el mejor horneado, y la mejor calidad posible. Y el Espíritu Santo quería que él dijera la verdad sobre el producto. Los Metodistas Unidos reconocen que el Espíritu Santo trabaja fuera de la iglesia.

El Espíritu Santo soplará donde él elija (Jn 3:8). Esto significa que el Espíritu Santo no solo escucha y responde a nuestras oraciones, sino también que el Espíritu Santo va delante de nosotros. El Espíritu Santo ya está trabajando en el mundo más allá de la iglesia. ¿Qué tipo de cosas hace el Espíritu Santo en el mundo? Jesús nombró algunos: estar entre los pobres, ayudar a las personas a salir de la esclavitud de las cosas que los limitarían, abrir los ojos de los que no pueden ver, ayudar a liberar a las personas oprimidas, y hacer que la gente sepa que Dios todavía está a cargo (Lc 4:18-19).

Creyendo que el Espíritu Santo nos precede en los lugares de necesidad (ver pregunta 25 sobre la gracia preveniente), los Metodistas Unidos tratan de encontrar esos lugares donde Dios ya está trabajando para unirse a Dios en ese trabajo. John Wesley estaba tan seguro de que el Espíritu está activo en el alivio de las necesidades del mundo que él dijo que estar entre los pobres, trabajando con los pobres, y aprendiendo de los pobres eran los medios para recibir la gracia de Dios. No es extraño que los Metodistas Unidos se involucren en la justicia social y atención de desastres y las batallas legislativas y la erradicación del racismo y luchas por la realización humana (ver pregunta 68) -estos son los lugares donde la gracia de Dios se encuentra

La paz y justicia y la salud y nutrición son las intenciones de Dios para todas las personas (Is 61:1-4). Allí donde Dios se esté moviendo hacia la santificación de la sociedad, los Metodistas Unidos tienden a tomar seriamente ese trabajo en el mundo. A veces no estamos de acuerdo sobre lo que es y lo que no es el movimiento de Dios, pero incluso si no estamos de acuerdo en cuanto a dónde Dios está trabajando, rara vez discordamos sobre la importancia de descubrirlo.

Adelante en tu nombre, oh Señor, me voy, mi labor diaria a seguir; a ti, solamente a ti, resuelto a conocer en todo lo que pienso o hablo o hago.

Otra pregunta: ¿Dónde está trabajando el Espíritu Santo, más allá de la iglesia, en su comunidad?

16. ¿Cuál es el pecado imperdonable contra el Espíritu Santo?

A veces, cuando estoy leyendo la Biblia, me gustaría tener un borrador en la mano. Hay algunos textos que me incomodan tanto que simplemente me gustaría que no estén allí. Mateo 12: 31-32 (y los versos que lo acompañan en Marcos 3:28-29 y Lucas 12:10) es uno de esos textos. Hay pocas posibilidades de esconderse de estos versículos; en la Biblia que estoy mirando ahora, están impresos en rojo, indicando algo que dijo el propio Jesús.

¿Qué vamos a hacer con esta declaración, que aunque el pecado y la blasfemia serán perdonados (incluso la blasfemia contra el Hijo del hombre, Mat 12:32), el pecado contra el Espíritu Santo no será perdonado? ¿Cuál es este pecado imperdonable?

En sus *Notas Explicativas*, John Wesley escribió sobre este texto, "¡Cuánto revuelo se ha hecho sobre esto!… Y sin embargo, no hay nada más simple en toda la Biblia." El meollo de la cuestión es la negativa a creer en el evangelio. En este pasaje, Mateo (y Marcos y Lucas también) está narrando sobre los fariseos que otorgaron al diablo el crédito por las buenas obras hechas por Jesús (Mt 12:24; Mc 03:22; Lc 11:15). Identificar a Dios como si fuera Satanás hace que el arrepentimiento sea imposible. Dar el crédito al diablo por lo que Dios ha hecho es perder al Dios cuyo amor viene hacia nosotros. Para algunas personas, estos pasajes crean gran ansiedad. ¡Si usted se preocupa por eso, es una buena señal de que usted no es culpable de este pecado! Dios no busca hacerte daño. (Tenga en cuenta la naturaleza expansiva del perdón de Dios: "Todo pecado y blasfemia").

Todo valor moral se pone de cabeza cuando el crédito a la obra del Espíritu Santo se le da a Belcebú, príncipe de los demonios (Mt 12:27). Esta es la condena de Jesús para los fariseos, que trataban de engañarle (Lc 11:54), y no el desarrollo general de una lista de pecados de los que no hay recuperación. "Fariseos," Jesús está diciendo, "estos milagros son obra del Espíritu Santo a través de mí, si ustedes piensan lo contrario, usted no han visto a Dios." Si se toman estos versículos en su más amplia visión, este impactante pasaje es en realidad una palabra de gracia y estímulo. El reino de Dios está irrumpiendo en nuestro mundo (Mt 12:22 -la curación del endemoniado- es una señal de lo que Dios quiere que el mundo sea). ¡Hay perdón para el pecado! ¡Incluso hay perdón para la blasfemia (Mc 3:28)!

El Espíritu Santo nos instruirá para los momentos de prueba (Lc 12:12). Hay muchas buenas noticias para aquellos que verían al Espíritu obrando.

Pecadores, cambien: ¿por qué van a morir? Dios, el Espíritu, les pregunta por qué; él, que todas sus vidas les ha fortalecido, les cortejó para abrazar su amor.

Otra pregunta: ¿Qué le dirías a alguien que piensa que él o ella ha cometido el pecado contra el Espíritu Santo?

17. ¿QUÉ ROL TIENE EL HABLAR EN LENGUAS EN EL METODISMO UNIDO?

Por un lado, un amigo Metodista Unido me dijo una vez que de vez en cuando su oración surge en una lengua que no entiende. Hay, dice, tal éxtasis de alegría y liberación en esa oración que él se deleita cuando ese don le es dado. No es algo que pueda invocarse a pedido. Siempre viene como un don del Espíritu.

Por otro lado, otro amigo Metodista Unido ha dicho que él puede crear el sonido de hablar en lenguas, simplemente repitiendo rápidamente las palabras *"I tie my bow tie; I tie my bow tie; my bow tie I tie"* (*"Ato mi corbatín; ato mi corbatín, mi corbatín ato"*). (¡Imagino que usted acaba de intentar decir eso!) Su broma es un ligero reproche a quienes enfatizan orar en lenguas.

Sobre la cuestión de hablar en lenguas, los Metodistas Unidos son un cajón de sastre. En contextos metodistas unidos, sin embargo, la glosolalia pública (de la palabra griega que significa "lengua") no es común, y en el devocional privado la glosolalia se observa con poca frecuencia. (Por ejemplo, en sesenta años de asistir a las conferencias anuales de la Metodista Unida, yo puedo recordar solo dos ocasiones de una persona hablando en lenguas. Me pregunto cuántos dudan en relatar su experiencia de oración personal por temor al ridículo.)

Algunas personas ven las raíces bíblicas de la glosolalia en la historia de Pentecostés en Hechos 2:1-13, aunque en las palabras habladas no había idiomas desconocidos ni indistinguibles que necesitaran interpretación. Esta historia del Pentecostés es todo lo contrario; las personas entendieron muy bien lo que se decía "en la lengua materna de cada uno" (Hch 2:6). Lo notable es que quienes hablaron tan claramente en estas variedades de lenguas no eran personas entrenadas en esos idiomas. Pentecostés no se trata de la verdad oculta; se trata de la verdad revelada, Dios tumbando la puerta de nuestras expectativas humanas con el fin de comunicarse con todas las personas.

El apóstol Pablo vio la glosolalia principalmente como un don espiritual personal, no necesariamente destinado a enriquecer a toda la iglesia (1 Cor 14:2-5). De hecho, Pablo afirma que será necesaria la interpretación, si las lenguas son para edificar la iglesia. No fue un don para todos, como tampoco la curación o el liderazgo o la enseñanza eran dones para todos (1 Cor 12:28-31). La advertencia de Pablo es que hay un don que supera todos estos dones del Espíritu: El amor. (El famoso capítulo trece de 1 Corintios -el llamado capítulo del amor- sigue la exhortación a buscar el don mejor.)

Algunas tradiciones pentecostales se han separado de lo que hoy es el Metodismo Unido debido a que algunas personas sintieron que los organismos predecesores de la Iglesia Metodista Unida minimizaron (o incluso eran hostiles a) el don de hablar en lenguas. Tanto los Artículos de Religión (de la Iglesia Metodista) y la Confesión de Fe (de la Iglesia Evangélica de los Hermanos Unidos) pronuncian claramente que la adoración pública debe estar en un idioma comprensible para las personas. A pesar de que esa medida cautelar creció principalmente debido a la preocupación por el uso del latín en el culto católico romano, sí refleja una cautela atenta de que las experiencias de culto nos unan en lugar de dividirnos.

¡Oh Tú, que viniste desde arriba, el puro fuego celestial a impartir, enciende la llama del amor sagrado sobre el altar medio de mi corazón.

Otra pregunta: ¿Qué experiencias has tenido con el hablar en lenguas?

18. ¿CUÁLES SON LOS DONES DEL ESPÍRITU?

Los dones de Dios son muchos. Cada vez que Pablo comienza a hacer una lista, se pone en una buena racha. ¿Qué tal 1 Corintios 12? Sabiduría, conocimiento, fe, sanidad, milagros, profecía, discernimiento, lenguas, interpretación. Cada conciencia de un don espiritual hace que Pablo piense en otro más.

¿Qué tal Romanos 12? Profecía, ministerio, enseñanza, exhortación, repartir, liderar, mostrar compasión. Apuesto a que Pablo tenía personas particulares en mente mientras desarrollaba esta lista.

¿Qué tal Efesios 4? Apóstoles, profetas, evangelistas, pastores, maestros. No todos tienen estos dones; solo algunos están dotados para ser evangelistas, por ejemplo.

En cada caso, el don es un don del Espíritu. Los Metodistas Unidos preguntan acerca de aquellos que quieren convertirse en clérigos: ¿Ellos "dan evidencia de los dones de Dios para el ministerio ordenado, la evidencia de la gracia de Dios en sus vidas, y la promesa de una futura utilidad en la misión de la Iglesia"? (*BOD*, 5 304. lg). Las personas recibidas en la Iglesia Metodista Unida como miembros por profesión de fe prometen, entre otras cosas, participar en los ministerios de la iglesia con sus dones. Dos dimensiones emergen de estas consultas y promesas: (1) el don es la obra del Espíritu en la vida de esta persona, y (2) estos dones espirituales (para clérigos o laicos) nunca tratan del individuo; los dones son dados para la obra de toda la familia de Dios (Rom 12:3-5.; 1 Cor 12:14-26).

Las iglesias locales a menudo utilizan los inventarios de dones espirituales para ayudar a las personas a descubrir cómo Dios se los ha obsequiado para el beneficio de la obra de toda la iglesia. Las personas que han estado en grupos de estudio y de rendición de cuentas consiguen a menudo el consejo de compañeros acerca de dones para el ministerio. No siempre es fácil escuchar de colegas de confianza que tengo un don sin usar que Dios ha tratado de darme. Pablo tuvo que decirle a Timoteo dos veces (1 Tim 4:14; 2 Tim 1:6.) que mantenga vivo el don que había sido reconocido, confirmado, y autorizado por la imposición de manos. (La imposición de manos es una práctica del Nuevo Testamento continuada hoy con motivo del derramamiento del Espíritu Santo para los dones en el ministerio.)

Esos dones del Espíritu dan buenos frutos: amor, gozo, paz, paciencia, amabilidad, bondad, fidelidad,

mansedumbre y dominio de sí mismo (Gal 5:22-23).
Cuando los Metodistas Unidos están en su mejor
momento -¡y eso no es siempre!- los dones del Espíritu Santo se usan sin orgullo o privilegio personales, y
el fruto del Espíritu abunda allí donde la vida es toca-
da por la guía del Espíritu.

A veces le digo a un consejo de la iglesia que si todas sus decisiones tienen tanto sentido en la tienda del
barrio como en la iglesia, entonces probablemente
algunas de las decisiones son erróneas. La iglesia no
decide de la misma manera que lo hace el mundo.
Como Pablo escribió a la iglesia en Galacia: "Si vivimos por el Espíritu, permitamos también ser guiados
por el Espíritu" (Gal 5:25).

El don que Él en uno otorga, todos nos deleitamos de
probar, la gracia a través de cada recipiente fluye en los
arroyos más puros de amor.

Otra pregunta: ¿Qué dones espirituales dicen otros
que usted tiene?

4. Humanidad

19. ¿QUÉ SIGNIFICA DECIR QUE LAS PERSONAS SON CREADAS A IMAGEN DE DIOS?

Génesis 1:26 indica que Dios creó a la humanidad a la propia imagen de Dios, de manera que los seres humanos tendrían dominio sobre el resto del orden creado. Ser creado a imagen de Dios significa, primero, tener responsabilidad como administrador de la creación.

Génesis 1:27 explica que cuando Dios creó a la humanidad a imagen de Dios, Dios los creó hombre y mujer. Ser creado a imagen de Dios significa, en segundo lugar, que hemos sido creados para las relaciones.

Génesis 1:26 dice que Dios creó a la humanidad para estar en la semejanza de Dios, para vivir en la vida moral de Dios. Ser creado a imagen de Dios significa, en tercer lugar, que estamos destinados a estar en relación con Dios y con los valores de Dios.

En su sermón "El Nuevo Nacimiento" (*Obras*, vol 2, p 188),[3] John Wesley usó tres frases para marcar estas dimensiones de ser creado a imagen de Dios: *imagen natural* (somos seres espirituales con libertad de voluntad); *imagen política* (somos gobernadores del mundo creado y comprometidos a relacionarnos con los demás); y la *imagen moral* (estamos destinados a la santidad y la justicia).

Tal como exploraremos en las preguntas 20 y 21, esta imagen perfecta, este reflejo inquebrantable de

Dios, fue roto por el pecado humano. Fue precisa la perfección de Jesucristo para restaurar la imagen.

Ser a imagen de Dios no es ser Dios. Ser a imagen de Dios es ser libre para obedecer a Dios. Los Metodistas Unidos toman con gran seriedad las tres implicaciones de ser a imagen de Dios: imagen natural (invitamos a las personas a estar en relación con Dios); imagen política (invitamos a las personas a cuidar el medio ambiente y a cuidar las relaciones personales); imagen moral (invitamos a las personas a vivir una vida de santidad personal y social).

Todas las personas son creadas a imagen de Dios, incluso las que no nos gustan, las que no respetamos, y aquellas a quienes realmente tememos. Esa imagen está rota en toda la humanidad, incluyendo a aquellos con quienes la pasamos bien, a los que honramos, y a los que están "de nuestro lado."

¿Los Metodistas Unidos viven siempre en el perfecto reflejo del amor de Dios, la justicia de Dios, la imagen de Dios? Por supuesto que no. Pero el Dios que creó a la humanidad a imagen de Dios está todavía trabajando para restaurarnos a todos a esa imagen.

> Creador, en quien vivimos, en quien somos y nos movemos, la gloria, el poder y la alabanza recibe por tu amor creador.

Otra pregunta: ¿Qué de la intención de Dios ve en la gente que conoces?

20. ¿SON LAS PERSONAS BUENAS O MALAS?

Dios es amor y Dios crea solamente lo bueno. John Wesley escribió: "En consecuencia, [la humanidad] en [su] creación estaba llena de amor... Dios está lleno de justicia, misericordia y verdad; así fue como [la humanidad] vino de las manos de [su] Creador, Dios es pureza inmaculada, y así era [la humanidad] en el principio, pura de toda mancha de pecado." (*Obras*, vol 2, p 188.).[4] Dios creó a la humanidad buena. Los teólogos llaman a esto "justicia original". De hecho, Génesis 1:31 informa que "Dios vio todo lo que había hecho, y ciertamente, fue muy bueno."

Pero hay un "¡Uy!" Dada la libertad, la humanidad hizo elecciones que provocaron una caída de la bondad de la creación de Dios. Génesis 3: 1-7 dice cómo sucedió eso con Adán y Eva -el asunto del fruto prohibido. (*Adán* en hebreo significa "ser humano", y *Eva* en hebreo significa "dadora de vida", por lo que las historias de Adán y Eva son en verdad la realidad para todas las personas.) El mal se convierte en parte de la situación humana.

Un poco de verso anónimo resume la situación:

El plan de Dios hizo un comienzo esperanzador,
Pero estropeamos nuestras posibilidades al pecar.
Confiamos en que la historia
Terminará en la gloria de Dios,
Pero en la actualidad el otro lado está ganando.

La respuesta a la pregunta "¿Son las personas buenas o malas?" parece ser que son ambas. La creación es buena, la caída es mala, pero Dios está trabajando para restaurar la humanidad a la justicia. Como Efesios 4:24 lo sentencia "vestíos del nuevo hombre, creado según la imagen de Dios, en verdadera justicia y santidad."

Así como fue total la bondad en la cual la humanidad fue creada ("Y vio Dios todo lo que había hecho, y ciertamente, fue muy bueno") la caída en el pecado también fue total. No solo están todos en la esclavitud del pecado (1 Jn 1:8; Jn 8:7) sino que todo de todos está en esa esclavitud (Rom 7:14-20).

Este quebrantamiento de la voluntad de Dios puede tomar formas individuales, personales, y puede tomar formas sociales, institucionales. La buena noticia es que la gracia de Dios ya trabaja trayendo a la humanidad de nuevo a la bondad. La gracia preveniente (o común) de Dios está trabajando (ver pregunta 25), de modo que las cosas buenas suceden, incluso de personas que no son tan buenas; suceden cosas buenas, incluso de las sociedades que no son tan buenas. Estos destellos de bondad ocurren para que podamos vivir y funcionar incluso mientras estamos en la esclavitud del pecado, así como saboreamos las primicias de los dones del Espíritu: "Porque sabemos que toda la creación gime con dolores de parto hasta ahora; y no solo la creación, sino también nosotros, que poseemos las primicias del Espíritu, gemimos interiormente, mientras aguardamos la adopción, la redención de nuestro cuerpo "(Rom 8:22-23).

Desde hace mucho he resistido a su gracia, desde hace mucho he provocado a su rostro, no escucharía a sus llamadas, lo afligí por mil caídas.

Otra pregunta: ¿Por qué Dios permitiría que el pecado entre en la buena creación de Dios?

21. ¿QUÉ ES EL PECADO ORIGINAL?

Damos mucha atención a las personas que son las primeras en hacer algo: Nuestro primer presidente, George Washington; la primera persona en la Luna, Neil Armstrong; la primera niña nacida de padres ingleses en América, Virginia Dare; el primer jugador profesional de baloncesto en anotar 100 puntos en un solo juego, Wilt Chamberlain; el primer hombre en correr una milla en menos de cuatro minutos, Roger Bannister; la primera persona que instaló un semáforo eléctrico, Lester Wire. (Mencioné a este último porque me encanta lo apropiado de su nombre: "wire: cable".)

Admiramos las primicias. Apreciamos la originalidad, así que quizás estamos intrigados por la posibilidad de estar involucrados con el pecado *original*. Lo siento. La investigación muestra que 99.99999 por ciento de los pecados ya han sido cometidos por otra persona. Usted tiene más probabilidades de ganar la lotería catorce veces consecutivas antes que cometer un pecado que sea nuevo. (La investigación también muestra que el 92.6 por ciento de las estadísticas son hechas sobre la marcha.) No importa cuál pueda ser su pecado favorito, alguien más ya lo ha cometido.

El pecado original no trata sobre ser el primero; sino acerca del pecado que está en nuestros orígenes. Es parte del paquete de ser humano. Es lo que el artículo VII de Artículos de Religión de la Iglesia Metodista llama "la corrupción de la naturaleza de cada hombre" y lo que el artículo VII de la Confesión de Fe de la Iglesia Evangélica de los Hermanos Unidos anota como "el hombre... inclinado al mal." Este pecado original conduce a los pecados actuales de los que cada uno es considerado responsable.

A diferencia de la tradición de Agustín (teólogo del siglo IV y V), el Metodismo Unido no enseña que el acto sexual sea lo que transmite la infección del pecado. Romanos 5: 12-21 y 1 Corintios 15:22 revelan que nuestra naturaleza pecaminosa está en nuestro origen humano (Adán). Nadie escapa a la aflicción del pecado original (Rom 3:10). (Wesley contrastó el pecado original con pecados actuales, que son transgresiones intencionales de la ley de Dios, como nosotros mejor la conocemos.)

Solo Cristo puede liberarnos de la esclavitud del pecado original. Los Artículos de Religión enseñan que "somos contados justos delante de Dios solo por el mérito de nuestro Señor y Salvador Jesucristo." La cosecha del pecado original es la muerte ("todos mueren en Adán" 1 Cor 15:22). Jesucristo es la vida (Jn 11:25). Philip William Otterbein, uno de los santos en la herencia del Metodismo Unido, una vez predicó un sermón titulado "La Encarnación que trae Salvación y

Victoria Gloriosa de Jesucristo sobre el Diablo y la Muerte." (Tal vez los títulos llamativos de los sermones no eran importantes en el siglo XVIII). En ese sermón, Otterbein dijo: "Todos nosotros estamos bajo esta muerte desde la caída." Pero luego señaló a Romanos 8: 1: "Ahora, pues, ninguna condenación hay para los que están en Cristo Jesús."

> Oh ven y mora en mí, Espíritu de poder adentro,
> y trae la libertad gloriosa de la tristeza, el miedo, y el pecado.

Otra pregunta: ¿Cómo explicarías el pecado original a un niño de seis años de edad?

22. ¿TIENE LA GENTE LIBRE ALBEDRÍO?

John Wesley y Charles Wesley, dos hermanos esenciales en el surgimiento del movimiento metodista, hacían lo que suelen hacer los hermanos: Discutían. La organización y predicación eran con frecuencia las herramientas utilizadas por John; la música y los himnos eran a menudo las herramientas utilizadas por Charles. (Él escribió más de seis mil himnos.) Una vez ellos tuvieron un debate sobre un himno escrito por Charles. John incluso se negó a incluir la estrofa infractora en los himnarios que él editó.

¿Qué causó este alboroto? En el himno "Solo excelso, Amor Divino" Charles había escrito: "Quitad nuestro *poder* para pecar." John golpeó el techo teológico (se molestó mucho). Él cuestionó la elección de las palabras; en efecto, dijo, "Si no tenemos *poder* para pecar, no hay sentido para nuestra obediencia." John ganó esa pelea; cuando los metodistas unidos entonan ese himno hoy, cantan, "quitad nuestra *inclinación* a pecar." (Otros himnarios, como los utilizados por los luteranos y presbiterianos tienen "quitad nuestro *amor* a pecar." El himnario metodista británico y el himnario episcopal se adhieren a la solución original de John Wesley y omiten la estrofa por completo.)

¿Qué diferencia hace? Los Metodistas Unidos están en la tradición de Jacobo Arminio, quien insistió en que la gracia de Dios está universalmente disponible. Esta perspectiva es contraria a la creencia más estricta de algunos seguidores de Juan Calvino, que afirmaban que la soberanía de Dios significaba que Dios eligió -predestinó- a algunas personas para ser salvadas. Algunos de estos calvinistas incluso dijeron que la consecuencia de que esta comprensión era que Dios también eligió a los que serían condenados. Por el contrario, la consecuencia del Arminianismo es que como resultado de esta gracia universal, todos los seres humanos tienen libre albedrío para decidir si aceptan o no a Cristo.

Los Artículos de Religión (artículo VIII) y la Confesión de Fe (artículo VII) son transparentes al insistir en que este libre albedrío no es algo natural para los seres humanos; está disponible solo por la gracia de Dios. Pero es una gracia dada a todas las personas (Jn 1:9). El Metodismo Unido rechaza cualquier perspectiva de los dones salvíficos de Cristo que no ponga a estos dones a disposición de todas las personas. El libre albedrío, otro don de Dios, hace posible que todas las personas puedan elegir a quién servirán (Jos 24:15).

La enseñanza de la Iglesia Metodista Unida sobre el libre albedrío es un complemento a la enseñanza acerca de la expiación universal. Si la salvación en Cristo no está disponible para todas las personas, entonces la expiación está limitada. Los Metodistas Unidos no restringirían el acceso a la expiación (ver pregunta 10). Dios le da a cada persona la libertad de aceptar o rechazar ese regalo.

Hay una sección en el *Himnario de la Iglesia Metodista Unida* dedicado a los himnos de invitación. ¿Por qué invitar a las personas si no son libres de venir? Cantamos estos himnos porque la gente tiene una elección, dada en la gracia de Dios como libre albedrío.

> Quita nuestra inclinación a pecar; Alfa y Omega sé; final de la fe así como su principio, pon nuestros corazones en libertad.

Otra pregunta: ¿Por qué alguien no elegiría aceptar el regalo de la salvación de Cristo?

23. ¿PUEDE REALMENTE UNA PERSONA LLEGAR A SER PERFECTA?

En la mayoría de los contextos, esta parece una pregunta ridícula. Por supuesto, nadie puede ser perfecto; somos solo humanos.

El problema con este punto de vista, decía John Wesley, es que Jesús lo dijo en serio cuando sentenció: "Sed perfectos, como vuestro Padre celestial es perfecto." (Mt 5:48). Wesley basó su sermón "La Perfección Cristiana" en Filipenses 3:12, un recordatorio de Pablo a seguir moviéndose hacia la perfección ("prosigo para alcanzarla"). Hebreos 6: 1 es una instrucción hacia la perfección. La Colecta para la Pureza, que se ora en muchas tradiciones denominacionales, declara, "Limpia los pensamientos de nuestros corazones por la inspiración de tu Espíritu Santo, para que podamos amarte *perfectamente.*" El primer mandamiento dado por nuestro Señor es amar a Dios con *todo* tu corazón, alma y mente (Mt 22:37). El desafío de Jesús es perfeccionar el amor a Dios y al prójimo. Ese es el significado de la perfección cristiana. (Debido a que una vida así sería totalmente santa, a veces el término *entera santificación* se usa como un nombre alternativo para la perfección cristiana.)

Esta enseñanza continúa en la práctica Metodista Unida. A cada hombre o mujer que está siendo considerado para su admisión como clérigo miembro pleno de una conferencia anual se le pregunta: "¿Estás yendo hacia la perfección? ¿Esperas ser perfeccionado en el amor en esta vida?" La respuesta apropiada a ambas preguntas es sí.

En el siglo XXI, tendemos a pensar que la perfección significa "sin error". No es así para Wesley. El entendió que la perfección cristiana no significa que uno es libre de pecado o libre de la ignorancia o que es siempre sabio en su juicio. Incluso las personas

49

perfeccionadas ¡necesitan el perdón! Entonces, ¿qué es la perfección cristiana, esta entera santificación?

Para los metodistas unidos, la perfección es amor pleno a Dios y al prójimo. ¿Puede un cristiano esperar (con expectativa) ese don? John Wesley predicó que Dios quiere que amemos plenamente (Mt 22:37, por ejemplo) y que Dios es capaz de hacer lo que se ha propuesto. Negar la posibilidad de la perfección es negar el poder de Dios para dar los dones que quiere dar.

La vida cristiana es un viaje hacia la perfección. Incluso la entera santificación no es un punto de llegada; sino, es una señal de crecimiento en un camino, como gente pecadora intentando amar plenamente a Dios y al prójimo. Wesley enseñó que unas pocas personas llegan a esta madurez en esta vida (él nunca lo reivindicó para sí mismo) y enseñó que también era posible que una persona caiga de esa gracia. La Confesión de Fe (artículo XI) señala que el don de la perfección puede ser recibido de manera gradual o instantánea.

En un momento, John Wesley declaró que la proclamación de la perfección cristiana bien podría haber sido la razón por la que Dios levantó a las personas llamadas metodistas. De hecho, es una manera de dejar claro que el don de la gracia salvadora marca una diferencia en cómo uno vive, yendo hacia la perfección.

> Un corazón en cada pensamiento renovado y lleno de amor divino, perfecto y justo, puro y bueno, una copia, Señor, del tuyo.

Otra pregunta: ¿Estás yendo hacia la perfección?

24. ¿QUÉ SUCEDE CUANDO MORIMOS?

Se decía de los primeros metodistas que ellos sabían "cómo morir bien." Esto significa que esos creyentes enfrentaron la muerte con serenidad y preparación. Una tradición dice que las últimas palabras de John Wesley fueron "Lo mejor de todo es, Dios está con nosotros." Eso es morir bien. Philip William Otterbein dijo en su lecho de muerte: "Jesús, Jesús, me muero, pero tú vives, y pronto viviré contigo." Eso refleja un conocimiento seguro de que Dios no abandona a los suyos cuando los heraldos de la muerte vienen a hacer su trabajo.

Romanos 6:23 explica en detalle el contraste entre Dios y la muerte: "Porque la paga del pecado es muerte, mas el don gratuito de Dios es vida eterna en Cristo Jesús nuestro Señor." En su comentario sobre Romanos 5:12 en las *Notas Explicativas* ("La muerte vino por el pecado, y así la muerte pasó se esparció a porque todos han pecado"), John Wesley escribe que no había muerte, cuando no había pecado. La muerte vino porque Adán (¿todos nosotros?) pecó. Estas son declaraciones teológicas, no declaraciones biológicas.

A pesar de que la muerte es enemiga de Dios (y nos amenaza con separarnos de Dios), el testimonio bíblico es claro que nada, ni siquiera la muerte, puede separarnos del amor de Dios (Ro 8: 38-39). No es de extrañar que la tradición metodista unida es una de santa y expectante muerte. La promesa de Juan 11:25 ("Los que creen en mí, aunque mueran, vivirán") se lee en casi todos los funerales en los metodistas unidos. El servicio oficial de la Iglesia Metodista Unida de muerte y resurrección comienza, "Muriendo, Cristo destruyó nuestra muerte. Levantándose, Cristo restauró nuestra vida." (Vea las preguntas 63 y 64 para la exploración sobre el cielo y el infierno como signos de comunión con Dios o ruptura con Dios.)

La muerte es una confrontación con nuestra propia mortalidad, ya que, a pesar de que una persona moribunda está rodeada por familiares y amigos e incluso por la presencia de Dios, todos morimos uno a la vez y en ese sentido, solos. La muerte es verdadera y completa. El Nuevo Testamento no habla de una inmortalidad natural del alma, como si en realidad nosotros nunca muramos. Habla de la resurrección del cuerpo, la afirmación que se hace cada vez que declaramos el histórico Credo de los Apóstoles y el clásico Credo de Nicea. (Para las palabras de estos credos, consulte UMH, 880-82.)

Paul reconoce la dificultad de ver al otro lado. En 1 Tesalonicenses 4: 13-14, él asegura que el Dios que levantó a Jesús de entre los muertos va a hacer lo mismo para los "hermanos y hermanas". ¿Qué parece tal cuerpo resucitado? Es un cuerpo espiritual (1 Cor 15:44). Con el fin de ser inmortal -tener vida eterna- debemos vestirnos de inmortalidad (1 Cor 15:53); es un nuevo regalo de Dios. Aquel que nos ha creado nos creará otra vez (2 Cor 5:17). Hay muchas cosas que no comprendemos por nuestra visión limitada (por ejemplo, Mat 22:30), pero sabemos que sea lo que sea, es lo que Dios sabe que es mejor. Tal vida comienza ahora.

Diez mil a sus eternas casas en este momento solemne vuelan, y estamos al margen de venir, y esperamos a morir. Incluso ahora por la fe unimos nuestras manos con los que iban delante, y saludamos a las bandas salpicadas de sangre en la orilla eterna.

Otra pregunta: ¿Cuál es la diferencia entre la inmortalidad del alma y la resurrección del cuerpo?

5. La Salvación

25. ¿QUÉ ES LA GRACIA PREVENIENTE, JUSTIFICANTE Y SANTIFICANTE?

John Wesley decía que la salvación era como una casa. "Nuestras principales doctrinas, que incluyen todo lo demás, son tres: el arrepentimiento, la fe y la santidad. Digamos que consideramos el primero como el pórtico de la religión; la segunda como la puerta y la tercera como la religión en sí misma" (*Obras*, vol. 9, p. 227).[5]

La primera parte del viaje a la salvación es el arrepentimiento (Mat 4:17), lo que Wesley llama "el pórtico." El arrepentimiento es más que el remordimiento por el pecado; implica girar en una nueva dirección. Podemos llegar a ser conscientes de nuestra necesidad de arrepentimiento solo cuando la gracia de Dios suscita esa conciencia dentro de nosotros. La gracia de Dios hace el primer movimiento. En la herencia wesleyana, ese don inicial de la gracia se llama la *gracia preveniente*. (*Preveniente* significa "yendo antes".) Esta enseñanza enfatiza una conexión entre la ley moral y nuestra salvación, pero por causa de la gracia preveniente de Dios que nos mueve a arrepentirnos, este arrepentimiento no es una expresión de nuestras buenas obras, sino que es la actividad de la gracia de Dios en nosotros.

La siguiente parte del viaje hacia la salvación es la fe (Rom. 5: 1), la cual Wesley llama "la puerta". Es esta fe en Jesucristo que nos justifica (Gal. 3:24). Piense en el formato de un documento que está escribiendo en su computadora. Usted alinea (justifica) los márgenes. Justificación es estar alineado con Dios. No es algo que hacemos por nuestra cuenta; la fe misma es un don, y ya que nos justifica con Dios, el don se llama *gracia justificadora*. ¿Se hace esto de forma rápida o gradualmente? La respuesta es ambos. Cuando a Philip William Otterbein se le preguntó cómo llegó a ser llevado al evangelio, él respondió: "Gradualmente fui llevado al conocimiento de la verdad." Note la frase "fui llevado." Gradualmente o rápidamente, la justificación no es algo que nosotros hacemos; es algo que Dios hace por nosotros.

La tercera parte de la imagen de la casa de John Wesley es una vida santa; la casa en sí es una vida santa. Llegar a ser justificado no completa el viaje. Una vez que pasamos por la gracia a través de la puerta, estamos en la casa donde nuestras vidas van a ser vividas de acuerdo con el mandato de Dios que nos amemos unos a otros (1 Jn 3:11). Nosotros no somos capaces de hacer este tipo de buenas obras por nuestra cuenta; La gracia de Dios hace posible que seamos santificados, que vivamos vidas santas. Este don se llama la *gracia santificante*. Los Metodistas Unidos a veces son acusados de enfatizar las buenas obras a expensas de la fe. ¡No es así! No hay nada en nuestras enseñanzas para argumentar que somos salvos por las obras. Lo que está claro en el pensamiento Metodista Unido es que donde hay fe, hay buenas obras (Santiago 2:17). Arrepentimiento (pórtico), justificación (puerta), santificación (casa), todos son posibles por la gracia de Dios.

Roguemos por la sola fe, la fe que por nuestras obras se muestra; Dios es quien justifica, solo la fe aplica la gracia.

Otra pregunta: ¿Qué parte de la casa de la salvación de Wesley es más difícil para usted?

26. ¿QUÉ PASA CON EL ARREPENTIMIENTO?

"¿Cuándo te arrepentiste?" En la tradición metodista unida, un creyente bien podría responder a esta pregunta: "Esta mañana, ayer, el día anterior, el día antes, hace diez años, y cinco años antes de eso." El arrepentimiento es una parte permanente de la santificación, de tratar de vivir una vida santa. Las personas en las tradiciones wesleyana y de Otterbein no son propensas a reconocer un tipo de arrepentimiento "una-vez-para-todas".

El verdadero arrepentimiento, que es más el pesar por ser descubierto, se expresa en una vida santa. Juan el Bautista desafiaba a los que llegaban a él para el bautismo de arrepentimiento a "dar frutos dignos de arrepentimiento" (Mat 3: 8). Este énfasis en Wesley en el arrepentimiento y las obras no diluye la declaración contenida en los Artículos de Religión (artículo IX) que la justificación es "por fe, y no por nuestras propias obras o merecimiento... Somos justificados por la fe, solamente." Los Metodistas Unidos tratan de vivir el fruto de la fe: "Las buenas obras, que son los frutos de la fe, y siguen la justificación, la primavera... brotan de una fe viva y verdadera, de tal manera que por ellos una fe viva pueda ser tan evidentemente conocido como un árbol es descubierto por su fruto "(artículo X; véase Ap 2:5).

El arrepentimiento y las buenas obras que le siguen no son la causa de la salvación. Comentando sobre Mateo 3: 8, Wesley describe dos tipos de arrepentimiento: legal, que es la convicción de pecado, y evangélico, que es un cambio en el corazón de todo pecado a la santidad. En este marco, la vida de buenas obras nunca está muy lejos de la vida de fe.

La gracia preveniente (ver pregunta 25) es la presencia de Dios incluso antes de que uno llegue a la fe. Tal es la gracia está en cada vida y circunstancia, incluso entre los que etiquetaríamos como "no creyentes". La verdad es que el amor de Dios simplemente llega primero. Esta es la obra de Dios y que se debe hacer en el tiempo de Dios. Por esa razón, Wesley (desde el lado Metodista de la familia) y Martin Boehm, Jacob Albright, y Philip William Otterbein (de la rama de los Hermanos Unidos Evangélicos no solían proferir llamados largos, extendidos y emocionales a "venir a Jesús." (En tiempos posteriores, algunos líderes en la tradición adoptaron este estilo de súplica) Para los primeros líderes de lo que hoy es el metodismo unido, Dios era el actor en la salvación, Dios era el motor hacia el arrepentimiento, Dios fue el iniciador de la gracia; la manipulación humana no tenía lugar. Nos arrepentimos porque Dios ha llegado a nosotros (Hechos 11:18; Rom. 2:4; 2 Ped. 3:9).

Ahora inclíneme a arrepentirme, déjeme mis pecados lamentar, mi rebelión vil deplorar, llorar, creer, y no más pecar.

Otra pregunta: ¿Por qué es más fácil para la mayoría de las personas arrepentirse en privado y no en público?

27. ¿PUEDE UNA PERSONA REINCIDIR?

Una vez que somos capturados por la gracia de Dios ¿podemos caer? ¿Es el asimiento de Dios sobre nosotros tan seguro que "una vez salvos, siempre salvos"? En algunas comunidades religiosas (presbiterianos y algunos bautistas, por ejemplo) hay una creencia en la doctrina de la perseverancia de los santos, a veces llamada la *seguridad eterna*. Esta enseñanza sostiene que el Espíritu Santo no permite que los verdaderos creyentes se resbalen de las manos de Dios.

Los Metodistas Unidos no sostienen ese punto de vista. Hay demasiada evidencia de la posibilidad de reincidir. El rey Saúl parecía ser frío y caliente (1 Sam 10:09-24). Demás abandonó a Pablo porque Demás se enamoró del mundo (2 Tim 4:10). El mensaje a la iglesia de Éfeso era que se había alejado del primer amor que tenía para el Señor (Ap 2:4). Uno de los discípulos cercanos de nuestro Señor lo traicionó (Mt 26:14-16). El rey David pasó del liderazgo sagrado a participar en adulterio y asesinato (2 Sam 11). Jesús reconoció que la fe de Pedro fallaría (Lc 22: 31-34, 54-62). Juan Marcos abandonó el ministerio que compartió con Pablo (Hch 15:37-38). Pablo escribió a la iglesia de Corinto para detener las disputas y para actuar juntos (1 Cor 1:11-17).

La evidencia de reincidencia no se limita a la Biblia, por supuesto. José Stalin se preparó para el sacerdocio, y Adolfo Hitler profesó la fe cristiana. En tanto que Dios decide darnos la libertad (ver pregunta 22), tenemos la opción de alejarnos. El Artículo XII ("Del Pecado después de Justificación") de los Artículos de Fe es directo: "Después de que hemos recibido el Espíritu Santo, podemos apartarnos de la gracia dada, y caer en el pecado, y por la gracia de Dios levantarnos nuevamente y enmendar nuestra vidas." La Confesión de Fe es igualmente firme: "Creemos que, a pesar de que hemos experimentado la regeneración, es posible apartarse de la gracia y caer en el pecado, y podemos incluso luego, por la gracia de Dios, ser renovados en justicia."

El legado Metodista Unida es que la fe se expresa en obras genuinas. La ausencia de estas expresiones de amor al prójimo envía una señal de que la fe en sí podría estar ausente. Si no hay fe, no hay salvación. Pero, alabado sea el Señor, la oportunidad de arrepentirse y ser restaurado a la fe está tan presente como la oferta de la gracia de Dios.

Debido a esta enseñanza, los Metodistas Unidos a menudo hablan del camino de la salvación (*via salutis*) en lugar del orden de la salvación (*ordo salutis*). En lugar de una línea y un orden rectos, el camino de la salvación sugiere un viaje con arranques y paradas, reveses y arrepentimiento. Y Dios está con nosotros todo el camino.

A mi Maestro he negado, lo he crucificado de nuevo,
frecuentemente profanado su nombre sagrado, lo puse
a vituperio.

Otra pregunta: ¿Por qué permite Dios que los cristianos reincidan?

28. ¿QUÉ SIGNIFICA NACER DE NUEVO?

Nosotros no somos los primeros en hacer esta pregunta. Nicodemo vino a Jesús con la misma pregunta:
"¿Cómo puede nacer a nadie después de haber enve-
jecido?" (Juan 3:4) Jesús le dijo que uno debe nacer
desde arriba. (La palabra griega puede significar "nacer de nuevo" como "nacer de lo alto.") El término
utilizado en la teología metodista unida es *nuevo nacimiento*. ¿Qué es este nuevo nacimiento?

Cuando un creyente muere al pecado, él o ella nace
a una nueva vida en Cristo. El nuevo nacimiento es el
camino hacia la santificación (una vida santa). Se inicia
con el regalo de Dios de la gracia en la justificación.
Para volver a la imagen de una casa en la pregunta 25,
es un movimiento a través de la puerta de la casa.
Esto a veces se llama regeneración, ya que es un nuevo comienzo.

Los Artículos de Religión nos enseñan que el bautismo es un signo de este nuevo nacimiento. Ese nuevo nacimiento puede ser concedida por el sacramento
del bautismo, ciertamente en el caso de los niños que
son bautizados (véase la pregunta 40). Por otro lado,

en el caso de personas de "edad madura", el don del nuevo nacimiento (nacer de nuevo) es simultáneo con el don de la fe, de la justificación. Para los adultos, Wesley estaba claro que el bautismo y el nuevo nacimiento no eran lo mismo. "[El nuevo nacimiento] es aquel gran cambio que Dios obra en el alma cuando lo lleva a la vida, cuando lo levanta de la muerte del pecado a la vida de justicia" (*Obras*, vol. 2, pp. 193-94).[6] Para los adultos, el nuevo nacimiento comienza con la creencia.

El nuevo nacimiento es necesario para la salvación, ya que marca el paso hacia la santidad. Eso viene con la fe. La santidad es la esencia del viaje. ("Seguid la paz con todos, y la santidad, sin la cual nadie verá al Señor" [Heb. 12:14]). Con el don del nuevo nacimiento ("nacer de lo alto"), nos movemos para alinear nuestras vidas con la voluntad de Dios. Este es el cambio de Dios del pecador en santo.

Por supuesto, incluso un bebé tiene que crecer. Los metodistas unidos celebran el nuevo nacimiento en los bebés y en los adultos, pero en ambos casos hay regocijo cuando esas personas viven en la luz donde "se puede ver claramente que sus obras están hechas según Dios" (Juan 3:21). Jesús dijo que este nacimiento y crecimiento es un misterio del don del Espíritu de vida nueva. "El viento sopla donde quiere, y oyes su sonido, pero no sabes de dónde viene ni a dónde va Así es con todo el que nace del Espíritu." (Juan 3: 8). A la luz de la palabra de nuestro Señor, hacemos bien en tener cuidado con la identificación de una forma particular como la única en que Dios da este regalo.

Dios Todopoderoso de la verdad y el amor, a mí tu poder impartir;

la montaña de mi alma re mover, la dureza de mi corazón.

Oh, que la omisión más pequeña duela mi alma vuelto a despertar,

Y condúzcame de nuevo a aquella sangre, que hace completo al herido…

Otra pregunta: "¿Qué diferencia hace el nuevo nacimiento en una vida?

29. ¿QUÉ TIENEN QUE VER LAS BUENAS OBRAS CON LA SALVACIÓN?

Todo y nada. El artículo X de la Confesión de Fe declara, "Creemos que las buenas obras son los frutos necesarios de fe para seguir la regeneración, pero no tienen la virtud de quitar nuestros pecados o de evitar el juicio divino." Los Metodistas Unidos están en la tradición de la Reforma Protestante al declarar que la salvación es solo por la fe. Una aclaración distintiva de esa verdad, sin embargo, es la afirmación Wesleyana de que la salvación significa la transformación y esa transformación significa la conducta moral. Las obras son como " la fe se hace evidente" (Confesión de Fe). En pocas palabras, las buenas obras no te salvarán, pero si eres salvo, habrán buenas obras.

Philip William Otterbein y Martin Boehm fueron los superintendentes iniciales de los Hermanos Unidos (que más tarde pasó a formar parte de la Iglesia

Evangélica Hermanos Unidos y cuyos valores eventualmente ayudaron a formar la Iglesia Metodista Unida). Ellos presidieron la reunión de 1802 de la Conferencia de los Hermanos Unidos, cuando uno de los acuerdos fue la aprobación de John Miller a "exhortar al pueblo para incitarlo a las buenas obras tanto como le sea posible por la gracia de Dios." Los temas comunes a todas las corrientes del Metodismo Unido se pueden encontrar aquí: gracia y buenas obras. Por los dones de Dios, el pueblo de Dios no solo es perdonado, sino también llamado a la acción (Stgo 2:14-17).

En su sermón "El Cristianismo Bíblico" John Wesley señala el ejemplo de Jesús, que dijo: "Yo también estoy trabajando" (Jn 5:17). Wesley pasa lista al juicio que Jesús hace a los que no trabajan para alimentar al hambriento, vestir al desnudo, ayudar a los huérfanos, apoyar al extranjero, visitar a los que están en prisión, y asistir a los enfermos (Mat 25: 31- 46). Hacer buenas obras es un asunto serio, porque quienes dejan de hacer estas cosas están programadas para el castigo eterno (Mt 25:46).

Otterbein y Wesley insistieron vigorosamente en la inclusión de la vida santa (santificación y buenas obras) en su presentación de la salvación y parte de la energía tras esa insistencia se originó en un debate teológico entre ellos y calvinistas (ver pregunta 30). Los líderes del movimiento metodista y sus comunidades acompañantes (evangélicos y los Hermanos Unidos) temían que las personas que creían en la predestinación pudieran imaginar que sus vidas morales no harían ninguna diferencia porque ya fueron salvadas por la elección de Dios. A pesar de que eso era una caricatura de la teología calvinista, movió las raíces para comenzar a crecer en la práctica Metodista Unida de incluir una vida recta en la plenitud de la salvación.

> La fe activa que vive dentro, conquista el infierno y la muerte y el pecado, santifica quien primero hizo íntegro, forma el Salvador en el alma.

Otra pregunta: ¿Qué le dirías a alguien que dice, "yo no necesito creer, yo vivo una buena vida"?

30. ¿QUIÉN PUEDE SER SALVO?

Los Metodistas Unidos creen que todas las personas tienen acceso a la gracia salvadora de Jesucristo. Este punto de vista se conoce como *expiación universal*, a diferencia de la *expiación limitada*. La pasión de Juan 3:16 ("para que todo el que crea en él no perezca, sino que tenga vida eterna") crea un fundamento para esta enseñanza.

La oferta de la salvación es para ser extendida a toda la humanidad (Hch 2:38). La luz de Cristo está destinada a todos (Jn 1:9). El poder de Dios para la salvación es para todos los que tienen fe (Ro 1:16). Gran parte del vigor de la insistencia de John Wesley sobre la disponibilidad universal de salvación vino de su reacción contra las formas extremas de la predestinación, una enseñanza moldeada por Agustín (siglos IV y V) y Juan Calvino (siglo XVI). Aunque una interpretación moderada de la predestinación sostenía que Dios eligió (predestinó) para la salvación a cualquier persona que creyera, Wesley hizo un ataque apasionado contra la idea de la doble predestinación, que si Dios elige a algunos para la salvación, Dios debe elegir a otros para condenación. La doble predestinación va en contra del libre albedrío (ver pregunta 22) y en contra de la universalidad del amor de Cristo.

En 1785, Philip William Otterbein condujo a su congregación reformada en Baltimore (predecesor de los Hermanos Unidos) a declarar que ningún predicador que enseñara la predestinación o la doctrina de la seguridad eterna (ver pregunta 27) podía quedarse entre ellos. Los estudiosos de John Wesley han observado por lo menos cinco argumentos que hizo contra la predestinación:

1. Si Dios ha predeterminado quién es salvo, toda predicación es en vano.

2. La predestinación elimina la necesidad de la revelación y de la práctica cristiana, porque nada puede cambiar el decreto eterno de Dios.

3. La predestinación destruye cualquier entusiasmo por las buenas obras.

4. La predestinación se basa en unos pocos pasajes bíblicos, y los pasajes están en contra de "la totalidad del ámbito y tenor de la Escritura."

5. La predestinación convierte a Dios en una dei-

dad falsa e injusta que condena a muchos de los que sinceramente desean la salvación.

En su sermón "Despierta, tú que duermes," Wesley refirió a 1 Timoteo 1:15 ("Cristo Jesús vino al mundo para salvar a los pecadores") y Filipenses 2:12 ("Ocupaos en vuestra salvación con temor y temblor"). En sus *Notas Explicativas*, él subraya la enseñanza de la gracia universal, la oferta de salvación a todo el mundo: "salvar a los pecadores: Todos los pecadores, sin excepción". Con la gracia preveniente (ver pregunta 25), Dios ya está trabajando para aplicar esa salvación. Los Metodistas Unidos aún proclaman esa buena nueva y la invitación a todos.

Venid, pecadores, a la fiesta del Evangelio; permite a toda alma ser invitada de Jesús. No precisa que ninguno se quede atrás, porque Dios ha invitado a toda la humanidad.

Otra pregunta: ¿Cuál es la relación entre la "gracia universal" y el evangelismo?

6. La Iglesia

31. ¿CUÁL ES LA NATURALEZA DE LA IGLESIA?

En la mayoría de domingos asisto a la Iglesia Metodista Unida de Betania, en Guess Road en Durham, Carolina del Norte. ¿Es eso la iglesia?

Soy parte de la clase de la escuela dominical de Lizzie Grey Chandler. ¿Es eso la iglesia?

Soy clérigo, miembro en plena conexión de la Conferencia de Carolina del Norte de la Iglesia Metodista Unida. ¿Es eso la iglesia?

He sido miembro de la Cámara de Delegados del Consejo de Iglesias de Carolina del Norte. ¿Es eso la iglesia?

Soy parte de una denominación que es miembro tanto del Consejo Nacional de Iglesias como del Consejo Mundial de Iglesias. ¿Es eso la iglesia?

No hace mucho tiempo prediqué en la Primera Iglesia Presbiteriana. Antes de eso, prediqué en la Iglesia Episcopal de San Felipe y en la Primera Iglesia Bautista. ¿Es eso la iglesia?

Los Metodistas Unidos entendemos que la Iglesia es a la vez visible e invisible. Visiblemente, la iglesia tiene tres cualidades presentes: la predicación de la santa Palabra de Dios, la debida administración de los sacramentos, y la presencia de personas de fe (artículo XIII de los Artículos de Religión). Sin fe, no hay iglesia. Sin predicación, la fe se desvanecería. Sin los sacramentos, estaríamos sin los medios de la gracia de Dios.

Hay cuatro dimensiones (o marcas) de la Iglesia: una, santa, católica y apostólica (artículo V, Confesión de Fe).

1. La iglesia es una (Jn 17:21). La unidad de la Iglesia es en Cristo Jesús.
2. La iglesia es santa (1 Pe 2:5). La iglesia está llamada a ser un grupo aparte, un tipo diferente de personas.
3. La Iglesia es católica (Ef 2:14). La iglesia es una comunidad universal más allá de las fronteras humanas. (La palabra *católica* significa "universal" y no se refiere a una sola rama de la iglesia.)
4. La Iglesia es apostólica (Hch 2:42). La iglesia enseña lo que enseñaron los apóstoles y se solidariza con el testimonio apostólico.

Los Metodistas Unidos entendemos que la iglesia es también una comunidad de disciplina. (*Disciplina* tiene la misma raíz que *discípulo*.) El marco en el que los Metodistas Unidos viven su discipulado cristiano se llama El *Libro de Disciplina* (ver pregunta 73). Las Reglas Generales (por las cuales uno exhibe un deseo de salvación) están protegidas, frente a cualquier cambio, por la Constitución de la Iglesia Metodista Unida; estas Reglas Generales dejan claro tanto la expectativa como la rendición de cuentas en la vida disciplinada de la iglesia. (Las Reglas Generales están incluidas en el *Libro de Disciplina*.)

La iglesia es el cuerpo de Cristo (Ef 4:1-16), en la cual hay muchos dones para el ministerio (1 Cor

12:4). La iglesia es una comunidad diversa (1 Cor 12: 12-31). La iglesia es un cuerpo en todo el mundo (Ef 4:4). La iglesia es la comunión de los santos, tanto vivos como muertos (Ef 2:19-20; 1 Jn 1:3).

La iglesia irrumpe en el mundo allí donde el cuerpo de Cristo irrumpe en el mundo. El bautismo es la marca común de los que entran en esta familia de la fe (Gal 3:27). John Wesley reconoció cuán diversa podría parecer la iglesia, por lo que en su sermón "El Espíritu Católico" él fue extenso en su descripción de la iglesia: "amigos, como [parientes] en el Señor, como miembros de Cristo e hijos de Dios, como copartícipes hoy del presente Reino de Dios, y coherederos del reino eterno [de Dios], todos... quienes creemos en el Señor Jesucristo, que aman a Dios y [a la humanidad] "(*Obras*, vol. 2, pág. 94).[7]

> Muchos somos ahora, y uno, nosotros que nos hemos revestido de Jesús; no hay esclavo ni libre, hombre ni mujer, Señor, en ti.

Otra pregunta: ¿Cómo experimenta usted la iglesia?

32. ¿CUÁL ES LA MISIÓN DE LA IGLESIA?

El *Libro de Disciplina de la Iglesia Metodista Unida* 2012 tiene una respuesta directa a esta pregunta: "La misión de la iglesia es hacer discípulos de Jesucristo para la transformación del mundo, a través de la proclamación de las buenas nuevas de la gracia de Dios y la demostración del mandamiento de Jesús de amar a Dios y al prójimo, buscando así la realización del reino y el reinado de Dios en el mundo" (*BOD*, 5 121). Al llevar a cabo esta misión, en algunas ocasiones la iglesia hace un mejor trabajo que en otras, pero siempre existe la confianza de que nada puede destruir a la iglesia (Mt 16:18).

La Iglesia Metodista Unida declara que aunque la conferencia anual es el órgano principal de la iglesia (ver pregunta 74), la iglesia local es el más "significativo ámbito" para la tarea de hacer discípulos. (Algunos metodistas unidos piensan que este énfasis en la iglesia local es un deterioro del testimonio conexional de la iglesia; véase la pregunta 36.) En cierto sentido, las iglesias locales -y hay más de 40.000- han de medirse con la misión. ¿Cómo se ve eso?

La misión de la iglesia es la transformación del mundo. Esta transformación ocurre cuando hay una proclamación fiel (Rom 10:14). Esta transformación ocurre cuando hay hospitalidad generosa (Heb 13:2). Esta transformación ocurre cuando las personas son conducidas a un compromiso de fe y bautizadas (Hch 2:38). Esta transformación ocurre cuando hay fortalecimiento a través de las disciplinas espirituales y santa comunión (Hch 2:42). Esta transformación ocurre cuando las personas son enviadas al mundo para servir (Mt 25:31-46; Stgo 2:14-17.). Esta transformación ocurre cuando la iglesia es intencionada al buscar la reunión de personas en la comunidad de Cristo (Mat 28:19-20).

Los Metodistas Unidos son llamados a vivir en la misión con "expectación activa" (*BOD*, 3 133). Aquí se mezcla el equilibrio que es tan a menudo característica del Metodismo Unido: "activa" (nuestros esfuerzos humanos) y "expectación" (conciencia de que es Dios quien actúa). La misión de la iglesia es, finalmente, la misión de Dios.

> Cuidemos los unos a los otros, cada uno lleve las cargas del otro; a tu Iglesia el modelo da, muestra cómo los verdaderos creyentes viven.

Otra pregunta: ¿Cuál es la misión de la iglesia, cuando "el mundo" no quiere escuchar el evangelio?

33. ¿CUÁLES SON LOS CREDOS DE LA IGLESIA?

Un credo es una declaración de fe (la palabra latina *credo* significa "yo creo"). Tales declaraciones han surgido en la vida de la iglesia de vez en cuando, mayormente como un esfuerzo para detener falsas enseñanzas. La Iglesia Metodista Unida considera a la Escritura como la máxima autoridad en materia de fe y moral. Aun así, para muchos metodistas unidos, los credos históricos han sido clara afirmación de la verdad bíblica.

John Wesley editó los Artículos de Religión de la Iglesia de Inglaterra antes de enviarlos como un estándar para el metodismo americano. Una de las porciones que Wesley omitió es el artículo que aprueba los tres credos como documentos definitivos para la iglesia: el Credo de los Apóstoles, el Credo Niceno, y el Credo de Atanasio. Por lo tanto, a pesar de que los primeros metodistas aceptaron la teología de los credos, ellos no los hicieron afirmaciones formales de la fe. (Hacia el final del siglo XX, los metodistas unidos sí aprobaron el Credo de Nicea al aceptar el *Consenso Unificador de la Iglesia de Cristo,* un importante proyecto ecuménico.)

En la práctica, los Metodistas Unidos se sirven de varias declaraciones de credo. El *Himnario Metodista Unido* incluye el Credo de Nicea, dos versiones del Credo de los Apóstoles, una declaración de fe de la Iglesia Unida de Canadá, una declaración de fe de la Iglesia Metodista de Corea, una Afirmación Moderna, la Afirmación Social Metodista Mundial, y tres afirmaciones basadas en pasajes del Nuevo Testamento. Es importante señalar que solo los dos credos históricos (Nicea y de los Apóstoles ') llevan el título de "credo".

El Credo de los Apóstoles, utilizado originalmente para examinar a los candidatos para el bautismo, está en la liturgia Metodista Unida para el pacto bautismal. El Credo de Nicea, desarrollado como una respuesta teológica a los que en el siglo IV ponían en duda la naturaleza divina y humana de Jesús, aparece en el lenguaje tanto de los Artículos de Religión como de la Confesión de Fe. Es evidente que, a pesar de que la demanda por afirmar estos credos no está en las normas doctrinales de la Iglesia Metodista Unida (ver pregunta 49), los Metodistas Unidos aceptan y celebran las enseñanzas de estos antiguos pronunciamientos.

Tengo un amigo que cierra su boca cuando él no está de acuerdo con parte de uno de los credos que se utiliza en el culto. (Tiene un particular problema con el nacimiento virginal; véase la pregunta 8.) Yo le animo a unirse a la congregación en la recitación completa del Credo, primero, como un acto de humildad ya que la iglesia entera sabe más que cualquier individuo, y segundo, como un acto de expectación, anticipando su continuo crecimiento en la plenitud del evangelio. (No está impresionado con mi consejo y me pregunta dónde estaríamos los protestantes si Martín Lutero hubiera aceptado lo que la mayoría de la iglesia creía. De hecho, la Reforma era necesaria porque la iglesia estaba fallando en vivir de acuerdo con las doctrinas enunciadas en los credos.)

Las declaraciones del credo pueden estar sujetas a los límites del lenguaje y a las características de un tiempo dado, pero se convierten en pruebas adecuadas de cómo la iglesia se ha alejado (o no) de la fe apostólica.

Incluso ahora que pensamos y hablamos lo mismo, y cordialmente de acuerdo, concentrados todos, a través del nombre de Jesús, en perfecta armonía.

Otra pregunta: ¿Por qué algunas congregaciones no utilizan los credos?

34. ¿QUIÉNES SON CLÉRIGOS?

En mi parte del país, a un miembro del clero se le refiere a menudo como *predicador*. En otras partes de la nación, la gente usa el pastor o *reverendo*, o *ministro*, o dicen, "¡Hey, tú!" o, en un mal día, se refieren a "ese vago incompetente que está arruinando todo lo que hemos tratado de hacer." Hmmm.

En la IMU, clero son aquellas personas que son ordenadas, comisionadas o con licencia para un papel aparte, representativo, y de liderazgo servicial. La conferencia anual, no la iglesia local, es el ordenador y órgano elector y autorizador para cada una de estas relaciones. Para cada estado hay requisitos de educación, espiritualidad, experiencia, carácter y dones. El clero se mantiene responsable ante la conferencia anual.

Hay dos categorías de clero ordenado: ancianos y diáconos. Los ancianos son apartados para predicar la Palabra, ordenar a la iglesia para la misión (la vida externa) y el ministerio (vida interna), administrar los sacramentos, y participar en ministerios de servicio (1 Cor 11:23; Tito 1:5-9.). Los diáconos son apartados para el servicio, la compasión, la justicia, y el anuncio de la Palabra, conectando la vida de congregación con la vida de la comunidad. (Hechos 6:1-6; 1 Tim. 3:8-13). Algunos clérigos son designados a los ministerios de extensión, ambientes más allá de la iglesia local. (Ver *BOD*, ¶¶ 343-44).

En algunas tradiciones, hay tres órdenes de clérigos ordenados: sacerdotes (ancianos), diáconos y obispos. John Wesley llevó al pueblo metodista a entender que el obispo en el Nuevo Testamento es el mismo que el sacerdote (anciano). En consecuencia, los metodistas unidos dan una función especial a los obispos, pero no los ordenan a una orden separada. Permanecen ancianos.

Los ministros encargados son los que están en el proceso de avanzar hacia la ordenación y membresía plena en la conferencia (ver pregunta 74). Los pastores con licencia son personas no ordenadas que están autorizadas para servir en la función pastoral completa (incluyendo los sacramentos) en el lugar en particular al cual han sido nombradas (y ningún otro lugar). El desarrollo del cargo de pastor local con licencia (no ordenado) es un ejemplo de la naturaleza práctica de la vida Metodista Unida: ¿Qué tenemos que hacer para realizar el trabajo?

La membresía en la conferencia es otro aspecto de la vida del clero. Los clérigos metodistas unidos no son miembros de las iglesias locales; son miembros de la conferencia anual. (Puede ser que sean miembros de pleno derecho, miembros provisionales, o miembros asociados.) Sólo los ancianos y diáconos en conexión completa tienen pleno derecho de voz y voto en todos los asuntos (a excepción de la elección de los laicos en las conferencias centrales jurisdiccionales y la Conferencia General; véase la pregunta 74). Después de consultar a todas las partes interesadas, el obispo nombra a los clérigos a sus lugares de servicio. Tanto hombres como mujeres son elegibles para cualquier relación de clero en el metodismo unido.

John Wesley no argumentaba que la forma metodista de organizar la vida de la iglesia era la única manera bíblica, pero sí insistía que el sistema de gobierno del pueblo metodista era obviamente una forma neotestamentaria de "hacer iglesia". A medida que se producen los cambios y nuevos modelos de diseño, los metodistas unidos buscan mantenerse bíblicos en su ímpetu y diseño.

> Mis talentos, dones y gracias, Señor, en tus manos benditas recibe; y déjame vivir para predicar tu palabra, y a tu gloria vivir; y gastar cada momento sagrado mío en pregonar al Amigo del pecador.

Otra pregunta: ¿Cómo sería la iglesia sin el clero?

35. ¿CUÁL ES EL PAPEL DE LOS LAICOS?

Todos los cristianos son llamados por el bautismo a este ministerio de servidumbre en el mundo para la gloria de Dios y para la realización del ser humano "(*BOD*, ¶ 126). Esa fuerte invitación para el ministerio ¡no deja mucho escondite para los laicos!" Ese es el trabajo del pastor ", o" he hecho lo suficiente ya ", o" ¿Quién, yo? "no resisten muy bien contra este desafío de bautismo.

Jacob Albright, la influencia inicial de la Asociación Evangélica-parte de la corriente de los Hermanos Unidos Evangélicos dentro del Metodismo Unido - era un laico en los primeros días del movimiento. Martin Boehm, quien más tarde se unió con Philip William Otterbein para formar los Hermanos Unidos, era un agricultor menonita ya entrado en años. Con el fin de tener predicadores para el rápido desarrollo de las casas de predicación metodistas, John Wesley envió predicadores laicos ya en la década de 1740. Francis Asbury pasó años guiando el metodismo en los Estados Unidos como un laico antes de ser ordenado en 1784. El Metodismo Unido de hoy garantiza un número igual de miembros laicos y miembros del clero de la anual y la jurisdiccional, y la conferencia central, así como para la Conferencia General (véase pregunta 74). El líder laico de la conferencia sentarse con el gabinete del obispo y, en algunas conferencias anuales, sentarse con el obispo en la mesa del presidente. Un laico siempre preside el consejo de la iglesia de una congregación Metodista Unida local y, aunque no es absolutamente necesario, es casi inevitable que los laicos formen la composición total de los fiduciarios. Tanto hombres como mujeres son elegidos para todas estas posiciones.

La razón para este papel fuerte y continuo para los laicos es clara: Estamos en esto juntos. El término de la Reforma Protestante para esta relación es *el sacerdocio de todos los creyentes*. Esta frase funciona a dos niveles: En primer lugar, cada persona se presenta ante Dios sin intermediarios (el sacerdocio de cada creyente). En segundo lugar, todos nosotros en nuestra vida juntos, formamos un sacerdocio mantenido en conjunto (el sacerdocio de todos los creyentes). En este sentido, la Escritura no hace ninguna distinción entre laicos y el clero (Ex. 19:5-6.; 1 Pedro 2:9; Ap 5:10). Los dones varían (1 Cor 12:4-11). La respuesta al llamado varía (Ap 3:14-22). Sin embargo, las exigencias del Evangelio son las mismas (1 Pe 4:7-11), y la misión del Maestro es la misma (Lucas 10:1-2).

Al explicar las Reglas Generales (que indican cómo funcionarían las primeras sociedades metodistas), John Wesley reconoció las múltiples formas en que la vida de los laicos impacta (o no) el mundo con el Evangelio. Las Reglas Generales mencionan temas tales como el trabajo en el día de reposo, la embriaguez, tener esclavos, evasión de impuestos, el uso de ropa costosa, los préstamos sin ninguna expectativa de pagar, en resumen, las circunstancias de la vida cotidiana de los laicos que formaban esas sociedades metodistas. El ministerio laico era mucho más que "hacer cosas en la iglesia." ¡El ministerio laico implicaba una colisión evangélica con el mundo!

La tarea ha asignado tu sabiduría, oh, déjame alegremente cumplir;
en todas mis obras encontrar tu presencia, y demostrar tu buena y perfecta voluntad.

Otra pregunta: ¿Cómo sería la iglesia sin laicos?

36. ¿QUÉ ES CONEXIONALISMO?

La autocorrección en mi computadora dice que no hay palabra como *conexionalismo*. Los metodistas unidos no estarían de acuerdo.

John Wesley llamaba al movimiento metodista incipiente en Inglaterra "la conexión". Todos los términos utilizados para hablar de la vida Metodista eran palabras tales como *conferencias*, *banda*, la *sociedad*, las *clases, convenio, consejo.* ¿Qué tienen en común? Son todas palabras relaciones, si se quiere. La conexión es cómo los metodistas viven el evangelio.

El *Libro de Disciplina* (¶ 132) habla de "el viaje de un pueblo conexional" y describe aquella tradición como global en su alcance y local en su empuje. En otras palabras, sucede en cada lugar donde haya metodismo unido. Una manera en que se expresa es en la membresía de la iglesia: cuando uno se afilia a una congregación Metodista Unida local, se une no solo a aquella iglesia, sino a toda la denominación.

¿Qué hacemos juntos? Hay una tradición de fe común. Compartimos una sola Constitución. Hay liderazgo de un Consejo de Obispos. Hay una misión común, mutuamente determinada. Las finanzas y otros recursos se reúnen con el fin de poder hacer más que aquello que una entidad haría por sí sola. Compartimos nuestro clero dentro de la conexión. Nos sometemos a "lo mejor para nosotros" en lugar de "lo mejor para mí." (La pregunta al meollo del asunto: ¿Qué es lo mejor para compartir el Evangelio?). El sentido es que cada uno de nosotros puede ver mejor la imagen completa, si cada uno le dice a los demás lo que está viendo. Es por eso que conferenciamos – tener *conferencia* (ver pregunta 74). La palabra *epískopos* -Obispo, superintendente- se traduce en "uno que tiene la supervisión, quien puede ver la imagen completa." La forma de gobierno episcopal, es decir, un sistema con obispos, es una expresión de una comprensión conexional de la iglesia; tenemos que ver la imagen completa, no sólo lo que se puede ver desde nuestros puntos particulares en el mapa.

La iglesia del Nuevo Testamento era muy consciente de la manera conexional de ser discípulos. La conferencia de Jerusalén (Hechos 15:1-21) fue una conversación conexional acerca de la circuncisión. El envío de los apóstoles y los ancianos para hablar de la decisión acerca de la circuncisión (Hechos 15:22-31) fue un uso conexional de los recursos de personal. El ejemplo de las iglesias de Macedonia colaborando para ayudar a los pobres (2 Cor. 8:1-7) era un modelo conexional de compartir las finanzas. La descripción en 1 Timoteo de las cualificaciones de los obispos (ancianos) y diáconos (1 Tim. 3:1-13) fue una declaración conexional de rendición de cuentas.

En el metodismo unido, hay estructuras que unen a las congregaciones locales a los distritos y los distritos a las conferencias regionales anuales, y las conferencias anuales a las conferencias jurisdiccionales o centrales y todo esto a la Conferencia General (véase la pregunta 74). Se trata de una "red vital de relaciones interactivas" (*BOD*, ¶ 132). Es conexionalismo.

> Nos invita a edificar el uno al otro; y, reunidos en una sola, a la esperanza gloriosa de nuestro gran llamado, mano en mano avanzamos.

Otra pregunta: ¿Cuáles son los peligros de un sistema conexional?

7. Culto y Sacramentos

37. ¿CÓMO ADORAN LOS METODISTAS UNIDOS?

Ven conmigo en un viaje rápido de seis congregaciones metodistas unidos. Dentro de pocas millas el uno del otro, son lugares donde yo adoraba cuando recién me jubilé.

Iglesia A: Un grupo de alabanza muy vivo dio volumen y vigor a un servicio en el que la mayoría de nosotros estaba aplaudiendo, cantando y meciéndose. Dios estuvo presente.

Iglesia B: Los himnos tradicionales compartían tiempo con canciones más contemporáneas, y el pastor leyó un sermón profundo. Dios estuvo presente.

Iglesia C: Los gritos de llamada y respuesta de aliento al predicador y el coro (que cantó un himno de rap) capturó el espíritu de entusiasmo. Dios estuvo presente.

Iglesia D: Como es la costumbre cada semana en esta congregación, los miembros de todas las edades llegaron a participar de la Cena del Señor. Dios estaba presente.

Iglesia E: La informalidad ("Vamos a cantar feliz cumpleaños a Jim") y la rutina guían un servicio cálido y poco sorprendente. Dios estuvo presente.

Iglesia F: Después de una larga procesión, el coro cantó un introito en latín, y la congregación siguió el orden cuidadosamente en el himnario. Dios estuvo presente.

Los Metodistas Unidos tienen un patrón básico para el culto (UMH, pp. 2-5, por ejemplo), pero los metodistas unidos deben haber tomado muy en serio el mandato de los artículos de la religión que "no es necesario que los ritos y ceremonias sean los mismos en todo lugar "y han escuchado el consejo de la Confesión de Fe que" [el culto público] puede ser modificado por la iglesia según las circunstancias y las necesidades de [la gente]".

Por otro lado, algunos metodistas unidos han escuchado el consejo igualmente apasionado de los artículos de la religión:.. "El que, a través de su juicio privado, voluntariamente y a propósito rompe abiertamente los ritos y ceremonias de la iglesia a la cual pertenece debe ser reprendido en público". Hmmm.

Hay dos cuestiones particularmente importantes que se hacen acerca de la adoración: ¿Quién es el Dios siendo adorado? ¿Quiénes son las personas siendo formadas? Esas dos cuestiones crean algo de tensión para los que forman las decisiones sobre el culto Metodista Unido. Por un lado, está la enseñanza del filósofo danés del siglo XIX Sören Kirkegaard: El culto está dirigido a Dios y es únicamente para la gloria de Dios. Por otro lado, el líder de la iglesia del siglo II Ireneo señaló: "La gloria de Dios es la humanidad plenamente viva", por lo que la forma de traer gloria a Dios ha sido la transformación de seres humanos en seres agradables a Dios.

La Biblia dice: "¡Venid, adoremos y postrémonos, vamos arrodillémonos ante el Señor, nuestro Creador!" (Sal. 95:6). Pero también dice, "¿No es éste el ayuno que yo quiero: desatar los lazos de la injusticia, deshacer las correas del yugo, dejar ir libres a los oprimidos, y romper todo yugo?" (Is. 58:6).

Los Metodistas Unidos han tratado de mantener este equilibrio en un número de maneras, a veces haciendo hincapié en uno, a veces haciendo hincapié en el otro. Hay un *libro de culto*, pero está diseñado más para aquellos que planean el culto que para uso semanal en la banca. Hay un *himnario metodista unido*, pero las congregaciones no dudan en añadir a su material recurriendo a otras fuentes de música.

No hay una sola manera en que los metodistas unidos adoran, pero las preguntas permanecen: Cuando adoramos a nuestra manera ¿quién es el Dios que adoramos? Cuando adoramos a nuestra manera ¿quién es el pueblo siendo formado?

Mil voces para celebrar a mi Libertador; las glorias de su majestad, los triunfos de su amor

Otra pregunta: ¿Cómo define usted el *culto*?

38. ¿ES UNA MESA O UN ALTAR?

Aunque muchos metodistas unidos usan la palabra *altar* y *mesa* de forma intercambiable, hay algunas razones teológicas para elegir la palabra *mesa*. Un altar es un lugar donde se hacen los sacrificios; los Metodistas Unidos creen que el sacrificio de Cristo en la cruz es el único sacrificio necesario para nuestra salvación. ("La ofrenda de Cristo, una vez hecha, es aquella redención perfecta, propiciación y satisfacción por todos los pecados de todo el mundo."; El artículo XX,

Artículos de Religión) Si no hay necesidad de una mayor sacrificio, ¿qué uso hay para un altar? Durante los avivamientos y reuniones de campo del siglo XIX, los metodistas, Hermanos Unidos, y evangélicos llamaban a la gente a sacrificar su propia vida a Dios (Rom 12:1). Esta invitación llegó a conocerse como el llamado al altar, y luego el lugar donde la gente venía para hacer esos compromisos fue llamado "el altar". De ahí había poco trecho para que la gente comenzara a llamar a la Mesa del Señor un altar.

El lenguaje utilizado en el libro *Metodista Unida de Culto* y el *Himnario Metodista* es "la Mesa del Señor". En el sermón de Juan Wesley sobre "El deber de la comunión constante", Wesley se refiere a la "santa mesa" (*Obras*, vol. 3, p. 429). En sus directrices para la Iglesia Reformada de Alemania en Baltimore, Philip William Otterbein utiliza "Mesa del Señor". Este uso magnifica el hecho de que se trata de una comida familiar con nuestro Señor como anfitrión.

Si nuestro Señor es el anfitrión, ¡tiene que estar presente! El término teológico para esta realidad es la *presencia real*. A diferencia de la tradición católica, la cual habla de la *transubstanciación* (en la que el pan y el vino se convierten en sustancia al cuerpo y la sangre de Jesús), la enseñanza Luterana de consubstancialización (que enseña que Jesús está en, con y bajo el pan y el vino), y el concepto anabautista que esta comida es simplemente un recordatorio de algo que pasó hace mucho tiempo, con Cristo presente solo simbólicamente ahora, la afirmación y la experiencia Metodista Unida es que nuestro Señor está presente espiritualmente. Esta presencia no es menos real por ser espiritual ¡ya que los Metodistas Unidos creen que la realidad espiritual es real!

La instrucción "Hagan esto en memoria de mí" (1 Cor 11:24) es un llamado para formar el cuerpo de Jesús de nuevo (recordar es poner a los miembros juntos de nuevo). Al hacer esto, reivindicamos su presencia con nosotros, incluso ahora. Aquella presencia apunta a un banquete venidero (Mt 08:11; Mc 14:25; Lc 22:18), donde toda la familia de Dios se reunirá en alegría. No es de extrañar que la Santa Comunión es el acto más frecuente de los cristianos en el culto alrededor del mundo.

> O la profundidad del amor divino, la gracia insondable!
> Quien diga cómo el pan y el vino en Dios nos transmite!
> Quién dirá cómo el pan y el vino transmiten Dios a nosotros,
> llena los corazones de pueblo fiel con toda la vida de Dios!

Otra pregunta: ¿Qué recuerdo, en su caso, tiene usted de la primera vez que tomó la comunión?

39. ¿CON QUÉ FRECUENCIA COMULGAN LOS METODISTAS UNIDOS (Y OTRAS PREGUNTAS)?

La Conferencia General de la Iglesia Metodista Unida ha alentado a las iglesias locales a estudiar el retorno a la práctica de la comunión semanal en el principal servicio de culto. Parte del avivamiento wesleyano del siglo XVIII en Inglaterra era un empujón para que la Iglesia de Inglaterra se basara de nuevo en las raíces del Nuevo Testamento y reanudara la Comunión frecuente. (La Iglesia Anglicana en ese día ofrecía la Mesa del Señor de manera irregular.) Wesley pensaba que el Nuevo Testamento llamaba a "comunión constante". Es el claro mandamiento de Cristo (Lucas 22:19). Es un medio para recibir la gracia de Dios y de ser perdonados por nuestros pecados, un nuevo pacto hecho posible por el don de la cruz (1 Cor 11:25-26). Wesley decía que los primeros cristianos comulgaban casi a diario, y desde luego siempre en el culto del día del Señor.

Wesley esperaba que los metodistas en América tendrían la Cena del Señor con regularidad, pero no había clérigos ordenados para servirla. Una vez que hubo algunos ancianos ordenados, podían hacer rondas solo cada tres meses, en sus funciones de superintendencia. El hábito de la comunión trimestral comenzó a introducirse en la vida Metodista.

Los metodistas llamaban a estos líderes *ancianos presididores*, no porque presidían la mesa de negocios, sino porque presidían la mesa del Señor. (Ese título se quedó con la iglesia hasta tiempos más recientes, cuando fue cambiado por *superintendente de distrito*) Muchas congregaciones metodistas unidos – quizás hasta la mayoría – tienen comunión mensualmente, y algunas han comenzado a avanzar hacia la celebración semanal. Algunas han mantenido la tradición trimestral que una vez fue necesaria debido a la ausencia de clero.

Los metodistas unidos describen los elementos como el pan y el vino, pero desde hace más de 125 años han optado por utilizar el jugo de uva en lugar de vino. Esta elección refleja el compromiso de abstenerse de bebidas alcohólicas y aporta un testimonio social a la mesa del Señor. El uso de jugo de uva abre la comunión a los niños, los jóvenes y los que tienen problemas con el consumo de alcohol. (Como nota al margen, los productos de la marca "Welch's" comenzaron por un laico metodista que descubrió un procedimiento para conservar el zumo de uva no fermentado para los servicios de su congregación.) El uso de jugo de uva es a veces un problema en los ambientes ecuménicos porque algunas tradiciones sólo sirven vino fermentado para Santa Comunión.

¿Quién se acerca a la Mesa del Señor? La práctica ha variado a lo largo de los años. Wesley y Otterbein a veces cerraban la mesa del Señor a los que no estaban en buen estado espiritual. Esta costumbre continuaba en los primeros días del metodismo y de los Hermanos Unidos en América. Más recientemente, los metodistas unidos han practicado la comunión abierta, invitando a cualquier persona que responda a la invitación (que ama a Cristo, se arrepiente del pecado, y busca la paz). Wesley hablaba de la Santa Cena como "ordenanza de conversión." Ahora, algunos metodistas unidos han llamado a la iglesia a recordar que la Cena del Señor es una comida familiar para aquellos que han sido bautizados (siendo el bautismo la iniciación en la familia). No es para el discipulado casual. Por razones pastorales y evangélicas, los metodistas unidos en los Estados Unidos rara vez niegan a cualquier persona que desee recibirla. Buscamos ser buenos administradores de lo que es, después de todo, la mesa del *Señor.*

> Segura y real es la gracia, la forma sea desconocida; Solo encuéntranos en tus caminos, y perfecciónanos en uno.
> Permítenos probar los poderes celestiales, Señor, te pedimos nada más. Tuyo para bendecir, nuestro solo para asombrar y adorar

Otra pregunta: ¿Por qué es la comunión el acto más común de los cristianos alrededor del mundo?

40. ¿QUÉ PASA CON EL BAUTISMO DE NIÑOS?

Tanto los artículos de la religión de la Iglesia Metodista como la Confesión de Fe de la Iglesia Evangélica de los Hermanos Unidos (las familias que componen la IMU) afirman el bautismo de infantes. ¿Por qué?

Los artículos se limitan a afirmar que la práctica se debe continuar. La Confesión dice que es porque los niños están bajo la expiación de Cristo y son herederos del reino de Dios. Estos niños tienen que ser llevados a tomar sus propias profesiones de fe en Cristo.

En las culturas donde el bautismo del creyente es la práctica más común, los metodistas unidos a veces se refieren al bautismo infantil como *bautizo*. Este es un lenguaje incorrecto. El bautizo es aquella parte del culto en el cual se da un nombre. El uso del término se remonta a una época en que los registros de la iglesia eran los registros legales oficiales y el registro del nombre era una responsabilidad legal importante. El bautismo y bautizo eran sinónimos. Ese ya no es el caso.

El bautismo de un infante es un bautismo (ver pregunta 41). La práctica bíblica parece haber incluido tanto el bautismo de creyente (Hch 2:38; 8:13; 09:18; 22:16) y el bautismo de los hogares, incluidos los niños (Mt 19: 3-15, Hch 16:15-33). Wesley argumentaba que los hogares deberían haber tenido hijos y que los cristianos judíos habrían recordado la costumbre judía de la circuncisión de los bebés. Los niños que son bautizados antes de la edad de responsabilidad (cuando una persona puede comprender las consecuencias morales de decisiones) deben ser alimentados por la comunidad del pacto hasta que lleguen a su propia profesión de fe.

Los metodistas unidos típicamente bautizan (independientemente de la edad) por aspersión (piense en el descenso del Espíritu Santo, como está escrito en Lucas 3:21-22 y Hechos 2:38; 19:1-7). Hay momentos en que los metodistas unidos bautizan por inmersión, siguiendo Romanos 6:3-5 y Colosenses 2:12, donde el bautismo es interpretado como una señal de la muerte de nuestra antigua vida y la resurrección a una nueva vida, como un lavamiento de los pecados. Aunque es raro, la práctica metodista unido también permite el bautismo por vertido, en el que una gran cantidad de agua se vierte sobre la cabeza del candidato, lo que hace recordar la gracia que fluye de Dios (Mt 03:16; Mc 1:9-10).

Independientemente de la edad del candidato, el bautismo es la iniciación en la familia de la fe, el medio por el cual una persona está "incorporada por el Espíritu Santo en la nueva creación de Dios" (BOW, Pág. 98). El actor principal es Dios. El bautismo se trata de lo que Dios está haciendo en lugar, de cómo estamos respondiendo. La mayoría de las tradiciones bautistas ven el bautismo como una respuesta humana al amor de Dios (algo que se hace cuando se sabe lo que está haciendo). Los metodistas unidos, por el contrario, ven el bautismo como un signo del acto de Dios, un "don, que se nos ofrece sin precio" (BOW, Pág. 95).

A ti, Padre, Hijo, y Espíritu Santo que todos nuestros corazones reciban; presente con tus huestes celestiales una respuesta de paz dar, a cada pacto se aplique la sangre que quita nuestros pecados, y registrar nuestros nombres en alto y nos mantenga hasta ese día!

Otra pregunta: ¿Cuál es el papel del agua en el bautismo?

41. ¿ME PUEDEN VOLVER A BAUTIZAR?

Carlene Pascual corrió hasta su pastor. "¡Alabado sea el Señor!" empezó ella. "He conocido a Dios de una manera nueva, y quiero volver a entregar mi vida a Cristo. Quiero ser bautizada nuevamente como una señal de mi nuevo comienzo." Ernesto Pérez pidió a su pastor por "un momento de su tiempo." Comenzó lentamente, "Usted sabe, reverendo, he estado pensando. Fui bautizado cuando tenía sólo unas pocas semanas de edad. No recuerdo nada al respecto. Ahora que soy un adulto, me gustaría ser bautizados de nuevo -Sabes, algo que puedo recordar". Harrison Dodge se puso de pie en las orillas del río Jordán. Él dijo: "Este viaje a la Tierra Santa sería tan significativo si pudiera volver a bautizarme, aquí en estas aguas donde Jesús fue bautizado."

¿Qué va a hacer un pastor metodista unido? Para empezar, él o ella consultaría el Libro de Disciplina, párrafo 341. En ese lugar, sólo hay siete elementos que aparecen enumerados bajo "conducta no autorizada" por los pastores; uno de ellos es "Ningún pastor debe rebautizar".

La razón principal de que los metodistas unidos no practican el re-bautismo se debe a la creencia de que el bautismo se trata de la acción de Dios, no de nuestra acción. Incluso si resbalamos y caemos de la gracia del bautismo, Dios ha cumplido la promesa de Dios. El bautismo es un instrumento de amor iniciador de Dios, y Dios no lo quita. Es como si el bautismo nos ha sellado con una marca declarándonos la propiedad de Dios. Incluso si los años y las experiencias posteriores ocultan esa marca, todavía está allí. Dios escribe con tinta indeleble. Dios todavía ama, incluso si yo rechazo ese amor.

Los recursos para el culto metodistas unidos proporcionan servicios para la reafirmación del pacto bautismal. Los rubros corresponden a ese servicio son claros sobre el uso del agua: "Aquí se puede usar agua simbólicamente en formas que no se pueden interpretar como el bautismo, como el pastor dice:". Recuerde su bautismo y sea agradecido."

Hay una belleza en haber sido bautizados antes de que uno supiera lo que estaba pasando; es un recordatorio de que Dios me amaba antes de que yo supiera nada al respecto (Hch 16:15). Hay una belleza en tener una experiencia espiritual renovadora después de haber olvidado a Dios; es un recordatorio de que el Dios de mi bautismo no me soltó cuando traté de soltar a Dios (Hch 10:15). Hay una belleza en recordar que el bautismo fue con agua del grifo en vez del río Jordán; es un recordatorio de que la buena gracia de Dios es tal que Dios usa las cosas ordinarias de la vida para conceder los más notables dones de la gracia (Hch 8:36-38).

Los Metodistas Unidos reconocen cualquier bautismo que se ha hecho con agua y en el nombre del Padre, del Hijo, y del Espíritu Santo. Aunque el bautismo no es requerido para la salvación, es el medio ordinario que Dios usa para incorporar personas en la comunidad de fe. Los Metodistas Unidos aceptan que los miembros bautizados son miembros de pleno derecho de la Iglesia Metodista Unida y oran para que la gracia de Dios lleve a tales personas a hacer profesiones de fe. Tales son los dones de Dios.

Enciende ahora el celo del cielo, y crea tu misericordia conocida, y dar a nuestras almas indultadas a sentir que Dios y el amor son uno.

Otra pregunta: ¿De qué manera el bautismo nos equipa para el discipulado?

42. ¿QUÉ PASA CON TODO ESTE CANTO?

Una vez yo estaba asistiendo a una reunión del comité de unidad cristiana del Consejo de Iglesias de Carolina del Norte. Estábamos celebrando la variedad de regalos traídos por las diversas denominaciones y declaramos lo que más apreciamos sobre las denominaciones representadas. Cuando llegó el momento de reconocer la valiosa contribución del metodismo unido, la mayoría de estos cristianos de otras tradiciones estuvieron de acuerdo en que era la música.

Somos lo que cantamos. (¿Escucharía cualquier emisora de radio, o sintoniza sobre todo a la que toca su música preferida?) Los Metodistas Unidos toman su canto en serio. ¿Quiere un esbozo de la teología metodista unida? Mire las páginas de contenido del *Himnario Metodista Unido*; los himnos están organizados por su contenido teológico. ¿Quiere explorar un himno para conocer su lugar doctrinal? Mire el encabezamiento de cada himno en la parte superior de la página; en la página de la izquierda hay una categoría teológica, y en la página de la derecha hay una subcategoría de la verdad teológica. ¿Quiere captar más apoyo para la enseñanza de la Biblia? Mire al final de cada texto del himno; muchos de ellos tienen referencias de las escrituras directas. ¿Quiere crecer espiritualmente en su canto? Mire las "Direcciones para el Canto" de John Wesley y anote este en particular (UMH, p vii.):.. "Por encima de todo, cante espiritualmente. Tenga un ojo en Dios en cada palabra que cante. Apunte a agradar [a Dios] más que a usted mismo, o a cualquier otra criatura".

El canto está en el ADN Metodista Unida. Charles Wesley (hermano de Juan, que también era un líder del movimiento metodista floreciente en la Inglaterra del siglo XVIII), escribió más de seis mil himnos. Algunos de ellos son bastante malos -No se puede escribir tantos sin crear algunos perdedores, pero sus himnos se convirtieron en una herramienta principal para anunciar las buenas nuevas de la gracia libre, para invitar a las personas a Cristo, y para reconocer con alegría la salvación de las almas.

Los metodistas unidos han desarrollado himnarios para su familia diversa: El *Himnario Metodista Unido* (un libro de culto congregacional); *La Fe que Cantamos* (himnos adicionales, incluyendo los contemporáneos); *Culto y Canto* (basándose en prácticas de culto emergente); *Mil Voces Para Celebrar* (himnario hispano / latino); *Canciones de Sión* (la tradición afroamericana); *Ahora, pues, Adoremos* (himnario coreano-Inglés); *Libro de Culto del Aposento Alto* (contextos de formación espiritual); *Alabanza Global* (variedad de idiomas); *La Fortaleza de los Siglos* (comunidades de jubilación); *Voces* (herencia indígena); *Himnos de los cuatro vientos* (himnodia asiática-americana); *Himnos para Señas* (texto del Himnario Metodista Unido en el lenguaje americano de señas); y una serie de otros himnarios en las lenguas y las culturas del mundo.

Como John Wesley aseguró en sus comentarios sobre Efesios 5:19 (*Notas explicativas*), el don de la música será suministrado por el Espíritu Santo. Que así sea.

> Celebren el Dios eterno con arpa y salterio, panderos suave y címbalos resonantes concuerdan en esta adoración sublime; alabe con cada cuerda melódica; todo el alcance del arte celestial, todos los poderes de la música traen, la música del corazón.

Otra pregunta: ¿Cómo ha formado la música de la iglesia lo que usted cree?

8. La Biblia

43. ¿QUÉ ES LA AUTORIDAD DE LA BIBLIA?

La autoridad de la Biblia viene de Dios. Los Metodistas Unidos (junto con casi todas las comuniones cristianas) creen que Dios decidió revelar el mismísimo ser de Dios al inspirar a escritores a grabar reportes del movimiento del Dios en, a través y a pesar del pueblo de Dios. La iglesia en la reflexión orante identificó aquellas fuentes escritas que eran compatibles con la fe apostólica. Para los metodistas unidos, el canon (literalmente, "vara de medir", pero aquí significa las Escrituras autorizadas) se compone de treinta y nueve libros del Antiguo Testamento y veintisiete libros del Nuevo Testamento. Para los cristianos, Jesucristo, la Palabra hecha carne (Jn 1:14) -es la lente a través del cual se mira a la Biblia.

A pesar de que leía vorazmente, John Wesley afirmó ser "un hombre de un solo libro." Ese punto de vista estableció firmes raíces para la centralidad de las Escrituras en la vida y el pensamiento Metodistas. Los primos de los Hermanos Evangélicos Unidos no han sido menos claros acerca de la Biblia, que calificó llamándola "la verdadera regla y guía de fe y práctica" (artículo IV, Confesión de Fe. Ver 2 Tim 3:16).

Lo más importante acerca de la Biblia es que contiene todo lo que necesitamos saber para ser salvos (artículo V, artículos de religión; el artículo IV, Confesión de Fe). En efecto, el principio es: "Si no está en el libro, no se preocupe por ello, por lo menos en términos de la salvación." Los Metodistas Unidos no están de acuerdo sobre cómo estudiar la Biblia (ver pregunta 46). Las personas pueden leer el mismo pasaje y llegar a puntos de vista diametralmente opuestos. ¿Quiere esto decir que una es correcta y la otra equivocada? Tal vez, a veces, lo hace, pero más a menudo significa que Dios tiene más para revelar a nosotros de lo que cualquiera de nosotros puede comprender (2 Tim 2:14). Para poder escuchar a Dios, ¡nos necesitamos unos a otros! Sin duda, el Dios que inspiró la poesía (Salmos), ley (Levítico), historia (Éxodo), cuento (Ruth), cartas (Romanos), Evangelios (Mateo), leyenda (Génesis), la amonestación (Abdías), y metáforas (Apocalipsis) ha reconocido que la Única Historia, Única Verdad, Único Amor, Única Gracia, Única Palabra tiene muchas formas. ¡Y todo esto sólo para que podamos ser salvos por medio de Jesucristo!

> Ven, Espíritu Santo (que movidos por ti los profetas escribieron y hablaron), libera la verdad, tú mismo la llave, quita el sello del libro sagrado.

Otra pregunta: ¿Cuál es la historia de la salvación revelada en la Biblia?

44. ¿POR QUÉ LLAMAMOS A LA BIBLIA "LA PALABRA DE DIOS"?

La Biblia es la Palabra de Dios, ya que contiene lo que Dios quiere decir, lo que Dios quiere expresar, lo que

Dios busca revelar. Esa Palabra se hizo carne y habitó entre nosotros (Jn 1:14). Una cosa interesante acerca de la frase "vivió entre nosotros" es que la traducción literal del griego es "levantar tienda entre nosotros." Con esa traducción literal, recibimos la sensación de una estructura temporal que se mueve de un lugar a otro. Dios se ha movido de muchas maneras en muchos lugares para hablar lo que necesita ser hablado. La Biblia, como la Palabra de Dios, el hablar de Dios, está llena de relatos de todo tipo de lugares. Dios ha hecho de tiendas de campaña entre nosotros, y la Biblia es la evidencia de eso (Jn 21:24-25).

Debe hacerse una distinción entre la Biblia como "Palabra de Dios" y la Biblia como "las palabras de Dios." La Palabra de Dios es lo que Dios tiene que decirnos, pero la mayoría de los metodistas unidos no asumiría que el texto bíblico fue dictado palabra por palabra para ser grabada por una máquina de escribir humana. (Así es como los musulmanes entienden que Dios ha revelado el Corán al profeta Mahoma. En la fe islámica, solo el original árabe es la lengua sagrada. El profeta era un receptor pasivo del texto palabra por palabra.) John Wesley, que tenía el mayor respeto posible para la Escritura, reconoció que los escritos fueron filtrados a través del contexto histórico humano y que la organización del material -como las divisiones entre capítulo se hizo a menudo de forma incorrecta ("a menudo separando las cosas estrechamente unidas, y uniendo aquellos que son totalmente distintos el uno del otro "[prefacio de *Notas Explicativas*]).

Además, los Artículos de Religión afirman que las ceremonias y ritos del Antiguo Testamento y los preceptos civiles de otro tiempo no son vinculantes para los cristianos (artículo VI). Lo que es vinculante es la obediencia a la enseñanza moral.

No es de extrañar que los metodistas unidos creen que para tomar en serio la Biblia, debemos estudiar las palabras con el fin de escuchar la Palabra de Dios.

> Abre mis ojos para ver tu rostro, abre mi corazón a ti mismo para conocer. Palabra obtengo ganancia segura, presente y futura.

Otra pregunta: ¿Cuál es la verdad esencial en la Biblia?

45. ¿ES INFALIBLE LA BIBLIA?

¿Quiere una buena frase para utilizar cuando necesite para impresionar a sus amigos? Trate de "La Biblia es infalible soteriológicamente." La frase no solo es impresionante ¡también es verdad! La soteriología - palabra se basa en el griego *soteria*- es la rama de la teología que trata con la salvación (ver preguntas 25-30). *Infalible* significa "sin error". Su nueva oración es una forma de decir, "La Biblia no se equivoca al contarnos todo lo que necesitamos saber para ser salvos (ver pregunta 43).

Pero ¿qué pasa con otros tipos de errores? Esta es una cuestión importante para los metodistas unidos y para todos los cristianos que toman la interpretación bíblica como un asunto serio. Jesús mismo no tenía un punto de vista literal de la Escritura. Él interpretaba la Escritura más allá de las definiciones literales de las palabras: "Oísteis que fue dicho a los de la antigüedad,... Pero os digo que..." (Mt 5:21-22, por ejemplo, que se movió más allá del significado literal de Ex. 20:13). Jesús contaba historias (no literalmente ciertas) para hacer un punto (la parábola del hijo pródigo en Lucas 15:11-32 y la parábola del rico insensato en Lucas 12:16-21, por ejemplo). Jesús citaba las Escrituras a sabiendas de que el texto no era literalmente cierto, sino que era una imagen o una metáfora de una verdad ("han cerrado sus ojos," una cita de Isaías 06:10 en Mateo 13:15, por ejemplo).

¿Escucha Dios una oración solo si la puerta está cerrada (Mt. 6:6)? ¿Realmente dispara Dios a las personas con un arco y una flecha (Sal 64:7)? ¿Trata el Salmo 25:15 sobre el fútbol o el hockey? La Biblia está llena de figuras de lenguaje que entendemos no son literalmente ciertas. La Biblia es verdad, pero no literalmente verdad.

¿Es la Biblia infalible, sin error en términos de la ciencia o la geografía o la historia? Hay Metodistas Unidos que creen que este es el caso. La Confesión de Fe da una comprensión más matizada de la Escritura: "verdad para la fe y la práctica." Esta perspectiva permite errores en asuntos distintos de los relacionados con la fe y la práctica. Por lo tanto, si 2 Samuel 24: 9 y 1 Crónicas 21: 5 no están de acuerdo sobre el número de soldados en los ejércitos de Israel y de Judá, no tiene ninguna consecuencia para la fe y la práctica. Por lo tanto, si 2 Reyes 8:26 y 2 Crónicas 22:2 no están de acuerdo sobre la edad era Ocozías cuando comenzó a reinar, no tiene ninguna consecuencia para la fe y la práctica. (Vea la pregunta 46 para ayuda con la lectura de la Biblia).

Otros Metodistas Unidos ven la Biblia como un libro infalible (no hay filtros humanos) en sus manuscritos originales. Este punto de vista considera la probabilidad de error humano en la copia, la transmisión, y la traducción de los textos dados por Dios. Las preguntas siguen siendo: ¿Fue la intención de Dios revelar un libro de ciencia o invitar personas a la fe? ¿Fue intención de Dios enseñar matemáticas o decirnos cómo podríamos ser salvos? ¿Fue la intención de Dios compartir datos geográficos o enseñarnos cómo vivir? La fe, la salvación y la vida santa no dependen de la infalibilidad de la Biblia, solo en las verdades dichas por Dios, reveladas en un número de formas y visto en Jesucristo.

> Ya sea que la Palabra predicada o leída, ningún beneficio salvífico me gano con sonidos vacíos o en letra muerta; no rentable todo y vano, a menos que por la fe tu palabra escuche y vea su carácter celestial.

Otra pregunta: ¿En qué sentido es verdad la Biblia?

46. ¿CÓMO LEO LA BIBLIA?

John Wesley creía que la Biblia fue inspirada dos veces: una vez cuando se escribió y otra cuando se lee. El mismo Espíritu Santo que trajo las Escrituras a la existencia (2 Tim 3:16) inspira al lector a escuchar la Palabra de Dios (2 Tim 3:17). Wesley se refería a la Biblia como "la sencilla verdad para la gente sencilla." Su significado usual es su significado obvio. No hemos de escoger y elegir entre los textos hasta que encontremos uno a nuestro gusto. En el prefacio de sus *Notas Explicativas*, Wesley escribió: "Cada parte de la misma es digna de Dios, y todas juntas son un cuerpo entero, en el que no hay defecto, ningún exceso."

Cuando la Biblia se toma como un todo ("un cuerpo entero", para usar el término de Wesley), no es ni demasiado ni demasiado poco. La Biblia es un acto de auto-equilibrio. Cuando los textos se sacan de contexto o cuando se lee es con un microscopio en lugar de un "macroscopio" el testimonio bíblico puede ser distorsionado. Es de una sola pieza.

En una introducción a la edición de 1746 de *Sermones Estándares*, Wesley describió su propia práctica para encontrar la pura verdad de la Biblia cuando parecía que había un conflicto o incertidumbre (mi resumen, no las palabras de Wesley):

1. Encontrar un tiempo y lugar en el que las interrupciones no son probables.
2. Aceptar la prometida presencia del Espíritu Santo.
3. Esté abierto a nuevos lugares donde Dios pudiera guiar.
4. Perseguir los pasajes difíciles mediante la oración, mediante la comparación de otros textos bíblicos, confiriendo con otros en la comunidad de

fe, y haciendo uso de las interpretaciones de la tradición antigua.

De esta manera, Wesley llamaba a los metodistas ser "trabajador [s] que [no tenían] ninguna necesidad de estar avergonzados, explicando correctamente la palabra de verdad" (2 Tim 2:15).

La aclaración adecuada de un texto de la Escritura difícil es otro texto de la Escritura que es clara. Los metodistas unidos están en una tradición que toma muy en serio toda la Biblia (ver pregunta 48), por lo que es valioso, incluso esencial, que cualquier pasaje se vea a la luz de la revelación completa de la Biblia (Sal 119:105).

Ven, intérprete divino, tráeme ojos para tu libro leer, oídos las palabras místicas para oír, palabras que procedieron de ti, palabras que imparten dicha sin fin, mantenida en un corazón obediente.

Otra pregunta: ¿Cuál es el aspecto más difícil de leer la Biblia para usted?

47. ¿POR QUÉ LOS CRISTIANOS NO ESTÁN DE ACUERDO EN LO QUE SIGNIFICA LA BIBLIA?

Si la Biblia es, como dijo Wesley, "la sencilla verdad para la gente sencilla," ¿por qué no todos los cristianos encuentran exactamente el mismo significado en el texto bíblico? Philip William Otterbein escribió sobre "el eterno testigo en la Biblia." Si es eterno, ¡se podría pensar que ya lo tendríamos todo explicado!

Pero no hace falta ser un observador muy inteligente para reconocer las formas en que los cristianos no están de acuerdo en lo que dice la Biblia. Las denominaciones se forman, se disuelven y se forman de nuevo, porque no estamos de acuerdo. (Cada uno de los grupos integrantes ahora presentes en el metodismo unido experimentó tal fracción.) Pasé la lista de cuestiones sobre las que fieles y auténticos cristianos no han estado de acuerdo durante siglos: la esclavitud, el aborto, la homosexualidad, el papel de las mujeres, la segregación racial, la guerra, la organización del trabajo , el calentamiento global, la economía y ¡el color adecuado para utilizar para los paramentos de Adviento!

Hay tres factores que impulsan la mayor parte de esta división: el pecado, la perspectiva sobre la interpretación bíblica, y la variedad de la experiencia de vida.

Pablo desafió a la iglesia en Corinto a que dejara de pelearse (1 Cor 1:10). Él atribuía las divisiones a que las personas tenían la sabiduría del mundo que era una locura para Dios (1 Cor 3: 18-19). Los seres humanos deben saber acerca de Dios porque Dios ha mostrado la revelación de Dios a ellos (Rom 1:19). La intención de Dios es para que todos sean salvos (Rom 10:13), pero la forma en que juzgamos unos a los otros es un pecado, lo que hace que Dios nos juzgue (Rom 14:10). Pensando demasiado alto de nosotros mismos es un pecado (Rom 12:3). Ese pecado a veces no nos deja tener nuestras mentes transformadas (Rom 12:2).

Los metodistas unidos varían en su perspectiva sobre la interpretación bíblica (ver las preguntas 3 y 4). Si pienso que Dios cerró la revelación cuando la Biblia fue inspirada (ni una jota ni una tilde que sea cambiada; Mt 5:18-19), entonces me acerco a la Biblia de una manera. Si pienso que Dios no ha terminado de revelar el sentido de la Escritura (que es una palabra viva; Hb 4:12), entonces me acerco a la Biblia de otra manera.

Un amigo mío se trasladó a Carolina del Norte desde Montana. La primera vez que llegó aquí, dijo que se sentía claustrofóbico, como si todos los árboles en las carreteras y bosques verdes se acercaban a él. En Montana, él había conocido un gran cielo y una tierra abierta. Yo, por el contrario, me sentía como en casa con bosques y altos pinos y caminos entre los robles imponentes. Estas dos formas diferentes de experimentar los árboles son simplemente funciones de nuestros viajes de la vida; los lugares donde nos paramos para observar son diferentes entre sí. Vemos exactamente el mismo bosque de maneras diferentes. Los lectores de la Biblia aportan diferentes orígenes, experiencias, expectativas, anhelos, filtros, pecados, y experiencias educativas cuando ven un texto. Dios nos invita a superar esas diferencias (Gal 3:28), pero hasta que lo hagamos, la vista va a ser diferente de persona a persona.

¿En qué podemos estar de acuerdo? Jesucristo es el Señor. Ahora, hablemos de lo que eso significa.

Unirse a nosotros, en un mismo espíritu unirse, que aún recibamos de lo tuyo; aún para más de ti te pedimos, tú que llenas todo en todos.

Otra pregunta: ¿Qué le da la confianza en una interpretación de la Biblia?

48. ¿POR QUÉ SEGUIR EL LECCIONARIO?

El leccionario es una colección de textos bíblicos asignados para su lectura en ciertos domingos del año litúrgico o días festivos. Muchas, pero no todas, congregaciones metodistas unidos siguen este ciclo de lecturas, que por lo general incluye una lección del Antiguo Testamento, una lección de una Epístola, y una lección de una de los Evangelios. Con frecuencia, incluyen una selección de los Salmos. La práctica de tener una porción de la Biblia designada para ser leída todos los domingos se remonta al menos al siglo IV, y tal vez hasta la costumbre judía aún más temprana. El leccionario trienal utilizado por los metodistas unidos se revisó en 1992 y sigue lecturas comunes en la mayoría de los domingos con los católicos, episcopales, presbiterianos, luteranos y otros (véase *BOW*, pp. 227-37).

¿Por qué hacer esto? Seguir el leccionario lleva al predicador lejos de la tentación de elegir solamente los pasajes bíblicos favoritos. En el curso de los tres años (ingeniosamente llamados Año A, Año B, y año C), una congregación usando el leccionario escuchará todos los grandes temas bíblicos y explorará algunos textos que de otro modo podrían dejarse de lado. Hay un poder en saber que la congregación donde yo adoro está involucrándose en las mismas Escrituras con los amigos en Stratford-upon-Avon, Inglaterra, o Freetown, Sierra Leona, o Porthdinllaen, Gwynedd, Gales del Norte. El uso de todas las lecturas del leccionario expondrá a una congregación a tres o cuatro lecciones cada domingo, no está nada mal para un pueblo que considera a la Escritura como fundamental.

El uso de lecturas tanto del Antiguo como del Nuevo Testamento ayuda a la iglesia a evitar la herejía (enseñanza falsa) de Marción. En el siglo II, argumentaba que el Antiguo Testamento ya no era válida ahora que el Nuevo Testamento fue revelado. Los Artículos de Religión (artículo VI) hablan directamente a esta cuestión y declaran, "El Antiguo Testamento no es contrario al Nuevo."

Algunos metodistas unidos sienten que seguir el leccionario ata al Espíritu Santo. Estas personas permiten que el Espíritu guíe la elección de la Escritura para la predicación. En esta libertad, sienten una mayor probabilidad de que el texto sea la palabra adecuada para una ocasión determinada.

La mayoría de las congregaciones metodistas unidas siguen el año cristiano, dando los énfasis temáticos y bíblicos para Adviento, Navidad, Epifanía, Cuaresma, Pascua y Pentecostés. Muchas veces, se observan días adicionales: Todos los Santos, Cristo Rey, Miércoles de Ceniza, Jueves Santo, Viernes Santo, la Transfiguración, Bautismo del Señor, y así sucesivamente. La tradición ofrece colores que se usan para reforzar el significado de las estaciones del año: blanco, púrpura, azul, oro, verde, negro y rojo.

Las vestimentas del clero varían según la costumbre local, la preferencia pastoral, y la enseñanza litúrgica.

> Cuando primero comenzó la labor, pequeño y débil era su día; Ahora la palabra rápidamente corre, ahora se gana su camino ensanchado; cada vez más se extiende y crece, siempre poderosa para prevalecer; derroca fuertes del pecado, las puertas temblorosas del infierno.

Otra pregunta: ¿El uso del leccionario ayuda o perjudica la forma en que usted escucha el Evangelio?

9. Teología

49. ¿CÓMO HACEN TEOLOGÍA LOS METODISTAS UNIDOS?

Cuando estaba en el seminario, un amigo mío decidió abandonar la Iglesia Metodista y unirse a otra denominación. Su superintendente de distrito (ver pregunta 76) le preguntó por qué. "Bueno, señor", respondió, "es debido a la doctrina Metodista de la iglesia." "Eso no tiene sentido", respondió el superintendente. "¡He sido predicador metodista durante treinta años, y nunca he oído hablar de una doctrina de la iglesia!" ¡Huy!

Existe la impresión entre algunos cristianos que los Metodistas Unidos hacemos muchas cosas, pero que no hacemos mucho teología. Sin embargo, todas las "obras" en el Metodismo Unido tienen sus raíces en el pensamiento teológico basado en la Biblia. ¿Es posible que nos hemos conducido con nuestro hacer al tiempo que hemos ocultado nuestro pensar?

Si veo a alguien con el pelo rojo, supongo que en algún lugar en el acervo genético de esa persona están las cosas que hacen el pelo rojo. Cuando veo a los Metodistas Unidos actuar de una cierta manera, supongo que hay algunas cosas en su acervo genético teológico que los hacen actuar de esa manera. ¿Cómo podemos seguirle la pista de ese acervo genético teológico?

Hay cuatro normas para probar la teología Metodista Unida (teología significa "Dios palabra" o "hablar de Dios"). Ya hemos tocado en cada uno de los siguientes: Los artículos de Religión de la Iglesia Metodista -veinticinco declaraciones adaptada por John Wesley a partir de los treinta y nueve Artículos de Religión de la Iglesia de Inglaterra; la Confesión de Fe de los Iglesia Evangélica de los Hermanos Unidos, que fue determinada por esa denominación en la fusión de la Iglesia Evangélica y la Iglesia de los Hermanos Unidos); *Sermones estándar de John Wesley*, una colección de enseñanzas realizada por Wesley en un formato de sermón; y las *Notas Explicativas sobre el Nuevo Testamento*, en las cuales John Wesley traduce y comenta sobre la revelación del Nuevo Testamento.

La Constitución Metodista Unida dice que la Conferencia General "no deberá revocar, alterar o cambiar [estos documentos] o establecer nuevas normas o reglas de doctrina contrarias a nuestras actuales normas existentes y establecidas de la doctrina." ¡Los metodistas unidos toman en serio la teología!

Los metodistas unidos utilizan cuatro pautas al hacer teología. Estas cuatro son a veces llamadas el *cuadrilátero de Wesley*, aunque John Wesley nunca usó ese término. De estas cuatro, la Escritura es primaria. Las otras tres son la tradición, la razón y la experiencia. Debido a que estas directrices "hablan" entre sí, un escritor ha preferido el término *cuadralógico*, lo que sugiere "cuatro palabras" o una "conversación de cuatro vías," en lugar de *cuadrilátero*, o "cuatro lados".

El *Libro de Disciplina* dice que la Escritura revela la Palabra de Dios (Ef 6:17.); la tradición es una fuente y medida de testimonio cristiano (Heb. 12:1); la experiencia humana confirma el relato bíblico (1 Jn 1:1); y la razón relaciona la Escritura al conocimiento más amplio (Is. 1:18).

> Siervos de Dios, proclamen su maestro, y publiquen en el extranjero su Nombre maravilloso; exalten el nombre todo-victorioso de Jesús, su reino es glorioso y gobierna sobre todo.

Otra pregunta: ¿De qué maneras es usted un teólogo?

50. ¿SON LOS METODISTA UNIDOS LIBERALES O CONSERVADORES?

Hay metodistas unidos liberales y conservadores; hay gente en el medio, y la gente fuera de serie en ambos extremos. *Liberal* y *conservador* son términos abreviados que tenemos, ya sea para encasillar las personas o la búsqueda rápida de los compatriotas para las luchas de la vida de la iglesia.

Algunos metodistas unidos dicen, "Soy conservador en cuestiones de teología y liberal en materia de política social." Otros podrían proclamar, "soy liberal en mi punto de vista de la Escritura, pero mis conclusiones son socialmente conservadoras" o "soy tan conservador que solo voy a salir de la cama por el lado derecho," o "yo soy tan liberal que yo sólo doy la mano izquierda".

Los miembros de algunas denominaciones retratan a todos los Metodistas Unidos como liberales. Algunos miembros de otras denominaciones consideran a los Metodistas Unidos como irremediablemente desfasados. ¿Por qué es tan importante etiquetar el uno al otro? John Wesley aconsejaba a los cristianos de espíritu católico (universal) que mostraran amor a todos. "¿Muestra usted su amor a través sus obras mientras tenga tiempo, y conforme tenga oportunidad?, ¿de hecho hace "el bien a todos" -vecinos o extraños, amigos o enemigos, buenos o malos? ¿Les haces usted a ellos todo el bien que pueda? "(*Obras*, vol. 2, p. 89).

Si nos ponemos etiquetas entre sí con el fin de orientar y reorientar nuestro amor, no hemos logrado un principio bíblico básico (1 Cor 13:13; 1 Jn 2:10-11.). El amor es imparcial. El amor perfecto (ahí está esa palabra "*perfecto*" otra vez; véase la pregunta 23) echa fuera el temor que nos tenemos el uno al otro (1 Jn 4:16-21).

¿Qué hace a una persona conservadora? ¿Es el deseo de conservar las cosas de gran valor? ¿Qué hace a una persona liberal? ¿Es el deseo de liberar a todos por obediencia gozosa? Francamente, me gustaría una dosis de cada uno. Nos necesitamos unos a otros para traer el don de equilibrio que Dios parece haber dado al metodismo unido. Hacemos el balance entre la fe y las obras. Hacemos el balance entre la justificación y la santificación. Hacemos el balance entre la Palabra y los sacramentos. Hacemos el balance entre la santidad personal y la social. Hacemos el balance entre el culto litúrgico y el espíritu de avivamiento. Hacemos el balance entre la piedad personal y la justicia social. ¿Podrían liberal y conservador ser otro ministerio de equilibrio al cual Dios nos llama?

Su única justicia muestro, su verdad salvadora proclamo; Es todo mi negocio aquí abajo llorar, "¡He aquí el Cordero!"

Otra pregunta: ¿Cree que el Metodismo Unido es liberal o conservador, o ambos, o ninguno?

51. ¿POR QUÉ PREOCUPARSE POR LA TEOLOGÍA?

Los metodistas unidos están preocupados por la teología porque la teología pone en relieve nuestra relación con Dios. Hay numerosas ramas de la teología: teología bíblica, teología sistemática, teología de la liberación, teología filosófica, teología apocalíptica, teología ecológica, teología feminista, teología negra, teología del proceso, teología gay, teología neo-ortodoxa, teología posmoderna, teología existencial, teología de la santidad, teología mujerista, la mística, teología narrativa, teología de los hombres, teología empírica. ¡Seguramente usted puede encontrar uno en esa lista que le guste!

A ese inventario abundante, los metodistas unidos podrían añadir otro: La teología práctica. John Wesley usaba el término *teología práctica*. Estamos preocupados por la teología, porque nuestra teología da forma a cómo vivimos nuestras vidas. Si la teología no transformar la vida de uno, esa teología seguramente está fuera de contacto con el Dios transformador revelado en Jesucristo. La tradición metodista unida trata menos sobre el pensamiento teológico abstracto y más acerca de la declaración y reflexión teológicas que cambian vidas.

En suma, la teología práctica del metodismo unido sostiene que la vida es diferente, porque Dios está buscando amarnos; después de todo, la vida de Zaqueo cambió cuando el amor de Dios lo encontró (Lucas 19: 1-10). Luego, amamos porque primero hemos sido amados (1 Juan 4:19). Los metodistas unidos tienen claro que el amor no está solo; encuentra una expresión social en las relaciones, la justicia social, en el diálogo. En el *Himnario metodista unido*, uno de los encabezados para himnos se nutre de esta terminología wesleyana tradicional: "La santidad social" (Himnos 425-450).

Una de las historias memorables en la historia metodista unida relata que Philip William Otterbein saludó a Martin Boehm con las poderosas palabras *Wir sind Brüder* - " 'Somos hermanos." Aquella naturaleza social de la religión surgió a partir de la percepción teológica que finalmente vio a las personas como hermanos y hermanas. No es de extrañar, no es una coincidencia, que los metodistas unidos han establecido los principios sociales, declaraciones oficiales aprobadas por la Conferencia General (véase la pregunta 74) para expresar las implicaciones prácticas de responder al llamado a amar a todos. Después de todo, la gracia preveniente de Dios se ha dado a todo el mundo, así ¡que la gracia de mí encuentre la gracia en ti! Los principios sociales (y un acompañante *Libro de Resoluciones*) tratan temas tan diversos como la sexualidad, la inmigración, la guerra, los juegos de azar, la ecología, el envejecimiento, el racismo, el divorcio, el acoso, la vida rural, el SIDA, el suicidio, el tabaco, el alcohol, la pobreza, la pena de muerte, la investigación genética, y los derechos de propiedad. Eso es una muestra ¡no es una lista completa!

La acción metodista unida (teología práctica) es una expresión de una teología de la gracia, la práctica del amor y un compromiso de compartir un destello del reino venidero. Es por eso que la teología es importante.

Ven, Jesús tan esperado / nacido tu pueblo a liberar / de nuestros miedos y pecados librarnos/ encontremos nuestro descanso en ti/ fuerza y consuelo de Israel/ esperanza del mundo entero eres tú/querido deseo de cada nación/ gozo de cada corazón anhelante

Otra pregunta: ¿Cuál es la diferencia entre hacer el bien y demostrar el amor cristiano?

52. ¿POR QUÉ ES TAN IMPORTANTE LA EDUCACIÓN PARA LOS METODISTAS UNIDOS?

Hay más de setecientas instituciones educativas relacionadas con la IMU en todo el mundo. Ya se trate de Seminario Teológico de Moscú en Rusia, o la Universidad de África en Zimbabue, o de la Universidad de Mujeres Ewha en Corea del Sur o la Escuela Primaria Ganta en Liberia, o una de las 119 escuelas metodistas unidas en los Estados Unidos, los metodistas unidos tienen una fuerte inversión en ministerios de educación.

¿Por qué no? El movimiento metodista comenzó en una universidad campus en Inglaterra (Oxford). Philip William Otterbein era un profesor universitario antes de ser un pastor. La Conferencia organizadora de la Iglesia Metodista Episcopal en los Estados Unidos en 1784 votó a favor de establecer una universidad. John Wesley apoyó la Escuela Kingswood para proporcionar educación a los hijos de sus predicadores. De las universidades de dos años vinculadas con alguna iglesia, la más antigua en los Estados Unidos es una institución metodista unida, Louisburg Colegio. La universidad para mujeres más antigua del mundo es una escuela metodista unida, Wesleyan College en Macon, Georgia. Hay trece escuelas metodistas unidas de teología y otros setenta seminarios aprobados para la educación teológica metodista unida.

Los metodistas unidos escuchan el llamado de Dios para amar a Dios con el corazón y la mente (Mt 22:37). La verdad es de Dios (Juan 8: 31-32), así que no hay razón para temer la búsqueda de la verdad. Un himno que Charles Wesley escribió para la dedicación de la Escuela Kingswood (por desgracia, ya no está en el himnario oficial de metodismo unido) tiene las siguientes líneas:

> Unir a la pareja tanto tiempo disociadas,
> El conocimiento y la piedad vital;
> El aprendizaje y la santidad combinados,
> Y la verdad y el amor, deja que todo hombre vea
> En estos que a ti te damos,
> Tuyos, completamente tuyos, para morir y para vivir.

Esa unidad de una vida santa y el aprendizaje es el objetivo de la participación de metodista unida en la educación. (El lema de la Universidad de Duke, una escuela metodista unida, es *Eruditio et Religio*, traducido diversamente como "el conocimiento y la fe" o "la educación y la religión.")

La Iglesia Metodista Unida tiene requisitos educativos para su clero. Los que no tienen un título de maestría de un seminario aprobado (que la mayoría lo hacen) tienen que completar por lo menos un Curso de Estudio de cinco años a medio tiempo. (Aquellos que buscan convertirse en miembros de pleno derecho de la conferencia anual también necesitan un período adicional de treinta y dos horas de educación teológica a nivel de maestría.) Esto está en la tradición del apóstol Pablo, quien fue educado a los pies del erudito Gamaliel (Hch 22:3) y después de su conversión pasó tiempo aprendiendo de la fe de los demás (Hch 09:19).

Con este énfasis en la educación, no es de extrañar que cada semana en los Estados Unidos casi dos millones de Metodistas Unidos se reúnen en iglesias locales para la escuela dominical. Otros se reúnen durante la semana en diversos ámbitos de estudio. La educación es importante porque nos ayuda a ofrecer nuestras mentes y mejores pensamientos a Dios.

Quiero que el testimonio, Señor, de que todo lo que haga sea correcto, conforme a tu mente y palabra, agradable delante de tus ojos.

Otra pregunta: ¿En qué medida la educación y la fe se mezclan?

53. ¿QUIÉNES SON TODAS ESTAS PERSONAS?

Hay metodistas que no son metodistas unidos. Las raíces de estas diversas familias metodistas están también en el movimiento metodista en Inglaterra del siglo XVIII. Muchas de estas denominaciones son parte del Consejo Metodista Mundial, una asociación de personas en la tradición metodista en todo el mundo. Aunque el Consejo Metodista Mundial pretende dar unidad a la obra de los metodistas, no tiene autoridad legislativa y no invade la autonomía de sus entidades miembros. Su declaración de propósitos incluye palabras como *profundizar, fomentar, avanzar, sugerir, promover, estimular, estudiar* y *ayudar.*

Es injusto para las personas que vinieron de la Iglesia Evangélica de los Hermanos Unidos utilizar el término *metodista* cuando se refiere únicamente a la IMU. También es injusto para otras ramas del metodismo suponer que el nombre de la Iglesia Metodista se aplica sólo a la IMU. ¿Cuáles son algunas de estas otras personas metodistas?

Cuestiones teológicas tales como la santificación, problemas sociales como el racismo, y los asuntos regionales tales como la independencia nacional han jugado un papel importante en la aparición de ramas del árbol metodista. Esta lista es incompleta: La Iglesia Metodista de Gran Bretaña (1795), la Iglesia Metodista Episcopal Africana Sión (1796), la Iglesia Metodista Episcopal Africana (1816), la Iglesia Metodista Libre (1860), la Iglesia Cristiana Metodista Episcopal (1870), la Iglesia del Nazareno (1908), la Iglesia Metodista de México (1930), la Iglesia Wesleyana (1968). Cerca de 40.000.000 de personas en todo el mundo se identifican como metodistas (sólo un poco más de una cuarta parte de ellos son miembros de la Iglesia Metodista Unida). Aproximadamente el doble de ese número se ven a sí mismos como partes que no son miembros de una comunidad metodista. ¡Los metodistas unidos tienen un montón de primos!

Algunos de esos primos no están en la tradición metodista. Los metodistas unidos se ven a sí mismos como parte del cuerpo mayor de Cristo (Col 1:18). Una manera en que esa conciencia se expresa es a través de relaciones con varias agencias ecuménicas, por ejemplo, el Consejo Nacional de Iglesias, el Consejo Mundial de Iglesias, la Asociación Nacional de Evangélicos, la Alianza Evangélica Mundial, y la Sociedad Bíblica Americana (ver *BOD*, 53 2404-2405). A través de la Oficina de la Unidad Cristiana y Relaciones Interreligiosas del Consejo de Obispos, la denominación busca el diálogo con los grupos religiosos no cristianos.

En un sermón sobre "El Espíritu Católico" (*Obras*, vol. 2, pp. 81-95), John Wesley llama a los cristianos a dejar de pelearse por cosas que no son esenciales para la fe. Wesley está claro en que esto no significa una indiferencia a la opinión. (Wesley utiliza el encantador término "latitudinarianismo especulativo." ¡No puedo recordar la última vez que utilicé esas palabras en la conversación diaria!) El espíritu católico -recuerde que *católico* significa "universal" - refleja "uno que... da la mano a todos aquellos cuyos corazones están bien con su corazón". En ese tono, los metodistas unidos se sienten a gusto en una variedad de entornos denominacionales y tienen una mano abierta, dispuesta a ofrecerse.

> El amor, como la muerte, todo ha destruido, dejando vacía toda distinción; nombres y sectas y partidos se caen; tú, oh Cristo, eres todo en todos!

Otra pregunta: ¿Cuáles son las marcas distintivas de personas llamadas metodista?

54. ¿POR QUÉ LOS METODISTAS UNIDOS ESTÁN TAN PREOCUPADOS POR LA HOMOSEXUALIDAD?

Como la mayoría de las denominaciones, la Iglesia Metodista Unida no es de la misma opinión sobre el tema de la homosexualidad. ¿Es la orientación homosexual una aberración en el orden creado por Dios? ¿Es pecaminosa la práctica homosexual? ¿Es la homosexualidad uno de los buenos regalos de sexualidad de Dios? ¿Deben las personas homosexuales servir en el ministerio ordenado? ¿Cómo deben las congregaciones locales relacionarse con los homosexuales que desean ser miembros? ¿Qué derechos civiles deben tener las parejas homosexuales? ¿Qué significa para los homosexuales, no menos que los heterosexuales, tener valor sagrado?

Si la Escritura es primaria en materia de fe y práctica, entonces, hay que tener cuidado con la exploración de los textos bíblicos que parecen, al menos en algún nivel, hacer referencia a la homosexualidad. Estos textos son generalmente identificados como Génesis 19:1-29; Levítico 18:1-30; 20:1-27; Jueces 19:22-30; Romanos 1:24-27; 1 Corintios 6: 9-17; 1 Timoteo 1:6-11; y Judas 5-7. (Numerosos estudiosos piensan que algunos de estos pasajes no tienen nada que ver con la homosexualidad.) Los estudiantes de la Biblia notan que los evangelios guardan silencio sobre todo lo que Jesús podría haber dicho sobre el tema.

Inmediatamente, las líneas se dibujan mientras personas fieles discrepan en cómo la Biblia ha de ser estudiado (ver pregunta 47). ¿Cuál es la naturaleza de la autoridad bíblica (ver pregunta 43)? ¿Cómo encajan estos versos en el mensaje general de la Palabra (ver pregunta 4)? ¿Cómo relacionamos nuevos conocimientos científicos y psicológicos con los entendimientos de los escritores bíblicos? ¿Qué confirma la experiencia humana (ver pregunta 49) sobre la verdad bíblica? ¿Cuáles hilos de la tradición de la iglesia son más útiles en escuchar lo que diría Dios?

Una imagen bastante desafortunada viene a mi mente: los metodistas unidos golpeándose entre sí en la cabeza con una Biblia. (¡Espero que sean todas ediciones con tapas suaves!) La buena noticia es que todos los metodistas unidos parecen estar tomando en serio la Biblia. La mala noticia es que estamos escuchando todo tipo de variaciones en el mensaje. Hay, sin embargo, algo saludable en los cristianos buscando juntos en la Biblia por una revelación de la voluntad de Dios para la creación de Dios. Los metodistas unidos desde múltiples perspectivas están preocupados sobre la homosexualidad porque toman la Biblia en serio, porque creo que todas las personas tienen valor sagrado, y se interesan en la vida santa.

Es triste decirlo, pero parte de la energía extrema en el debate sobre la homosexualidad proviene de unas pocas personas que temen cualquier expresión sexual distinta de la suya y de algunas personas que asumen lo peor de todo aquel que no esté de acuerdo con su propia visión de la sexualidad. A pesar de estos filos son raros en el metodismo unido, proporcionan combustible para los fuegos que previenen que los demás encuentren buenas maneras de escuchar y aprender unos de otros. Una confianza en las buenas intenciones de aquellos con los que no estamos de acuerdo puede ayudar mucho en dejarnos escuchar el uno al otro (Hch 10:28).

> ¡Qué dificultades hemos visto, qué conflictos poderosos del pasado, los pleitos afuera, y adentro los temores, desde qué último nos reunimos! Empero, de todo el Señor nos ha llevado por su amor; y aún nos ofrece su ayuda y esconde nuestra vida arriba.

Otra pregunta: ¿Cuáles son las revelaciones bíblicas centrales sobre la sexualidad?

122

10. La vida cristiana

55. ¿CUÁLES SON LOS MEDIOS DE GRACIA?

Temprano en el ministerio de Juan Wesley, se metió en una controversia con los moravos, quienes argumentaban que no había nada que una persona pudiera hacer para obtener la gracia de Dios más allá de solo esperar que llegara. Wesley llamó a esta visión morava "quietismo". Wesley pensó que no debíamos solo esperar a Dios, sino que debíamos acceder a los medios que Dios había escogido para darnos la gracia. En un sermón basado en Malaquías 3:7 ("Ustedes se han apartado de mis leyes, y no las han guardado"), Wesley dejó claro los medios que Dios normalmente usa para dar gracia a la humanidad. La gracia todavía viene como un regalo, no de forma automática, porque "cualquier medio externo, si es independiente del Espíritu de Dios, no puede traer beneficio en absoluto" (*Obras*, vol. 1, p. 382). Dios puede dar gracia a través de cualquier canal o experiencia que Dios escoja, pero los metodistas unidos siguen reconociendo que en la experiencia común de la iglesia, hay medios por los cuales Dios suele dar la gracia.

En este sermón, Wesley nombró los medios principales de gracia: la oración privada y pública (1 Tes 5:17); el buscar en la Escritura, que incluye leer, escuchar y meditar; (2 Timoteo 3: 16-17.) y la Cena del Señor (1 Cor 11:23-26). En las Reglas Generales (la guía para las sociedades metodistas tempranas), Wesley amplió la lista para añadir el culto público a Dios

(1 Cor 14:26.) y el ayuno o la abstinencia (Mt. 6:17-18). En la práctica temprana metodista, de Hermanos Unidos, y evangélica (ver pregunta 67), la prominencia de los grupos pequeños y las reuniones regulares de la conferencia llevaron a la inclusión de la "conferencia santa" como un medio de gracia (Hechos 15:6). (El bautismo no estaba incluido, probablemente debido a que no es un acto repetido; véase pregunta 41.)

Los Metodistas Unidos reconocen dos categorías de los medios de gracia: obras de piedad, también llamadas *medios de gracia instituidos*, como las que acabamos de nombrar, y las obras de misericordia, también llamadas *medios de gracia prudenciales*, tales como alimentar al hambriento, acoger al extranjero, cuidar a los enfermos, y visitar al prisionero (Mt 25:31-46). Estar entre los pobres, los hambrientos, los enfermos, o los presos ¡es un medio de gracia para nosotros! En la típica manera wesleyana, hay un equilibrio entre la iniciativa divina y la acción humana. La gracia es todavía de Dios para dar (o no, como Dios elija), pero los metodistas unidos celebran y practican los medios por los cuales Dios da ordinariamente tal gracia.

> Gracia abundante en ti se halla, gracia para cubrir todo mi pecado; permite abundar las corrientes curativas, hazme y mantenme puro por dentro; fuente de vida eres tú, libremente déjame aprovechar de ti; Brota tú dentro de mi corazón; súbete a toda eternidad.

Otra pregunta: ¿Cuál medio de gracia es el más difícil para usted practicar?

56. ¿CUÁLES SON LAS OBRAS DE MISERICORDIA?

Los primeros metodistas en América hablaban de "difundir la santidad bíblica sobre la tierra." Jacob Albright, fundador del movimiento que llevó a la Iglesia Evangélica (ahora parte de la IMU), se metió en problemas con algunos de sus vecinos luteranos, reformados, y menonitas porque insistía que la salvación no sólo involucraba los ritos, sino significaba un cambio de corazón, una forma diferente de vivir. Los registros muestran que Christian Newcomer, un líder temprano entre los Hermanos Unidos, una vez compró una esclava e incluyó en la factura de venta disposiciones para su puesta en libertad. ¿Qué tienen en común todos estos hilos de metodismo unido?

El tema mutuo es que "la santidad bíblica" es más que la piedad personal. La santidad bíblica significa que la vida y todas sus relaciones ahora están determinadas por el amor de Dios y el amor al prójimo (Mat. 22: 36-40). John Wesley escribió: "El cristianismo es esencialmente una religión social y... convertirlo en una religión solitaria es de hecho destruirlo" (*Obras*, vol. 1, p. 533). Fuera de este contexto, Wesley enseñó que Dios bendijo con gracia aquellas obras de misericordia que se extendieron el evangelio como el amor al prójimo (Stgo 2:14-26; véase la pregunta 55 para una reflexión sobre las obras de piedad y obras de misericordia).

Cuando los metodistas unidos son cuidadosos en comprender sus ocupadas vidas de servicio, ven que estas obras de misericordia son dones de la gracia santificante de Dios (ver pregunta 25). El término clásico de *entera santificación* (ver pregunta 23) incluye amor pleno al prójimo. Las obras de amor son posibles a causa de la gracia de Dios, y los actos de amor son un medio de la gracia de Dios.

Los metodistas unidos no siempre están de acuerdo entre ellos sobre la mejor manera de ofrecer la sanidad, la justicia, el cuidado, la alimentación, la visita, la acogida, y los otros actos de misericordia. Esas diferencias se pueden resumir en una simple enumeración de algunas figuras políticas estadounidenses quienes son metodistas unidos: Hillary Rodham Clinton, George W. Bush, Dick Cheney, John Edwards, Elizabeth Warren, Jeff Sessions, Emanuel Cleaver II, y, desde el pasado más lejano, George Wallace, George McGovern, Terry Sanford, y Shirley Chisholm. (¿No sería interesante para una habitación llena de "conferencia santa"?) Alrededor del 10 por ciento del Congreso de los Estados Unidos es metodista unido.

Esta amplia preocupación metodista unida por el prójimo nace de la convicción de que Dios busca reconciliar todas las cosas al ser mismo de Dios (Col 1:20). Tanto si se trata de llevar sopa de pollo a un amigo enfermo, apelar a una legislatura estatal a que no comience una lotería, participar en un servicio de asesoramiento para las personas considerando el aborto, enviar una carta amable a un vecino solitario, unirse a un grupo para reemplazar un techo después de un huracán, ayudar a servir una comida en un comedor público urbano, ofrecer una sonrisa de bienvenida a alguien que viene a la iglesia vestida de manera diferente, hacer fila para votar, o tejer un chal como un regalo para un niño enfermo, los metodistas unidos se unen a un sinnúmero de otros cristianos en las obras de misericordia. De lo contrario, en palabras de John Wesley, tenemos "fe muerta, imaginaria."

> Usa para ti con gozo lo que sea que tu generosa gracia nos ha dado;
> y encaminar mi curso alegremente, y caminar cerca de Ti al cielo.

Otra pregunta: ¿Cuál es la relación entre la fe y las buenas obras?

57. ¿QUÉ PASA CON LA ORACIÓN?

Al reflexionar sobre 1 Tesalonicenses 5:16-17 en sus *Notas Explicativas*, John Wesley se refirió a la oración como "el aliento de nuestra vida espiritual." Nadie vive sin respirar; no hay vida en el Espíritu sin la oración. Al exhortar a los tesalonicenses a la oración constante, Paul eligió la palabra *adialeiptos*, que significa "permanente" o "sin estar ausente nunca." La oración entendida de esta manera es más que el uso de palabras o de tiempo y lugar intencionales. Es una actitud de total apertura a Dios. Toni y yo nos casamos hace casi cincuenta y dos años, y mi amor por ella no vaciló, ¡pero seguramente no estaba demás encontrar maneras de decírselo de vez en cuando! La oración lleva ese mismo tipo de ritmo de comunicación hablada y no hablada.

Dios responde a la oración. Tal es el testimonio de los Evangelios (Mt 7:7-11; 21:22; Mc 11:24; Lc 11:9.; Jn 11:22). Tal es el testimonio de la iglesia primitiva (2 Co 1:11; Stgo 5:16; Ap 5:8.). Tal es el testimonio de nuestros antepasados en la fe. Tal es nuestro propio viaje de confianza.

En su sermón "Los medios de gracia", predicó Juan Wesley. "Todos los que desean la gracia de Dios deben esperarla en el camino de la oración." Los metodistas unidos no han pensado que el que ora puede exigir o predecir cómo Dios responderá a una oración. De hecho, Romanos 8:26-27 nos alerta sobre la realidad de que incluso nuestra mejor oración no está a la altura, y el Espíritu de Dios tiene que ir a batear por nosotros según la voluntad de Dios. La oración es una disciplina de honestidad ante Dios y apertura a Dios. Orar "en el nombre de Jesús" que hace clara nuestra intención de orar de la manera, el espíritu y el poder de Jesús.

Tanto en la oración privada como en la pública, los metodistas unidos a menudo se basan en el lenguaje extemporáneo o en oraciones escritas o memorizados preparadas para la ocasión, pero también usan las de la iglesia antigua e histórica. Esta práctica crea una maravillosa comunidad de oración, llegando a través del tiempo y el espacio, uniéndonos con los santos que nos han precedido (Ap 5:8). Las oraciones de la congregación al unísono le dan una expresión verbal a esa comunidad. La oración corporativa más común es la que nuestro Señor enseñó (Mt 6: 9-13). En esa oración, Jesús dio un modelo de conversación con Dios que reflejó la alabanza, la vida diaria, y la sumisión a la voluntad de Dios. Hay un espléndido misterio en cómo (y cuándo) Dios responde a la oración. Debe ser una de las maneras que Dios tiene para que la vida no se vuelva aburrida.

> Jesús, confirma el deseo de mi corazón de trabajar y hablar y pensar por ti; Déjame aún guardar el fuego sagrado, y despierta tu don en mí.

Otra pregunta: ¿Por qué dice usted que Dios escucha (o no) todas las oraciones?

58. ¿QUÉ PASA CON LA SANIDAD?

A unos veinte minutos de donde vivo está el Centro Médico de Duke. Es una instalación gigantesca dedicada a la gama completa de las artes curativas. Es parte de la Duke University, una institución metodista unida.

A unos veinte kilómetros de mi casa está un lugar donde los cristianos fieles se reúnen cada martes por la noche para orar por los enfermos, para ayudarles a sanarse. Es una congregación metodista unida.

Hace algunos años, cuando tuve una cirugía, recibí por correo un paño de oración de unas personas que dijeron que habían orado sobre ese tejido, pidiendo a Dios que me cure. Eran de una iglesia metodista unida.

La semana pasada, una congregación cercana invitó a la gente a venir para la imposición de manos y la unción con aceite para sanidad. Fue una reunión metodista unida.

Hace un par de meses, leí de una mujer que lleva a su hijo enfermo a un servicio de sanidad por fe, donde se hizo la promesa de que la fe curaría. Ella era metodista unida.

Los metodistas unidos emplean numerosas maneras de estar en contacto con el don de Dios de la sanidad (Lc 7:21; 1 Cor 12:9). Con mayor frecuencia, el poder de la salud llega a través del ministerio de la comunidad médica, pero la gracia expansiva de Dios es tal que hay testigos a curas más allá de la lógica de la ciencia. En ambos casos, es Dios quien sana (Sal. 147: 3; Pr 4:22).

John Wesley valoraba tanto la totalidad de las personas, incluyendo su bienestar físico, que hizo un libro de remedios (*El médico primitivo: Un método natural y fácil de curar la mayoría de las enfermedades*), para que la atención médica estuviera disponible para los pobres. Los metodistas unidos buscan un vistazo de aquel reino venidero de Dios en el que no hay enfermedad (Ap 22:2).

La mayoría de nosotros no tiene problema de aceptar la voluntad de Dios cuando se restaura la salud. Pero luego, la gente muere. Las personas permanecen en el dolor. Pierden sus facultades mentales y sociales. ¿Qué es lo que ha ido mal? ¿Está Dios castigándoles? (Jesús no lo creía; Juan 9: 2-3). ¿Es inadecuada su fe? (Jesús murió a pesar de su fe; Marcos 14:36). Todos compartimos la condición caída de la creación (Rom. 8:22-23), y nuestras enfermedades y muerte reflejan eso. Eso no significa que sea la voluntad de Dios. Si yo padezco una enfermedad, no es porque soy personalmente mala, sino porque soy humano. (Por supuesto, las malas elecciones de estilo de vida personal impactan nuestra salud, eso entendemos. La cuestión es, más bien, sobre la naturaleza aparentemente aleatoria aparente de algunas enfermedades.).

Dios sana aun cuando Dios no cura. En el Nuevo Testamento, la palabra que se usa con mayor frecuencia para la sanidad es *therapeuo*, una palabra que tiene la misma raíz que la palabra griega que significa "ayudante". Los metodistas unidos entienden que la sanidad es esa presencia ayudante de Dios, un amor del que nada nos puede separar (Rom 8:38-39). Puede que no parezca lo que esperábamos, pero nada que nos separa de aquella presencia sanadora.

> Tú, oh Cristo, eres todo lo que quiero, más que todo en ti encuentro; levanta al caído, anima a los débiles, sana a los enfermos, y guía a los ciegos.

Otra pregunta: ¿Qué le llevaría a decir que alguien ha sido sanado?

59. ¿POR QUÉ PARTICIPAR EN LA JUSTICIA?

> Hacer justicia y juicio es a Jehová
> Más agradable que el sacrificio.
> (Prov 21:3)

> Pero corra el juicio como las aguas,
> y la justicia como impetuoso arroyo.
> (Amós 5:24)

¿Y qué pide Jehová de ti: solamente hacer justicia, y amar misericordia, y humillarte ante tu Dios? (Miqueas 6:8).

Porque no hay acepción de personas para con Dios. (Rom 2:11)

Pero sed hacedores de la palabra, y no tan solamente oidores engañándoos a vosotros mismos. (Stgo 1:22)

Como un pueblo que busca ser bíblico en su carácter, los metodistas unidos están comprometidos en obras para la justicia. Tal ministerio es la visión de Dios para la santificación de todo el mundo (Col. 1:20). Con los años, ha habido ocasiones cuando el pueblo metodista unido (y sus predecesores) ha fracasado estrepitosamente en esa misión. El Ejército de Salvación se separó del metodismo inglés porque algunos pensaban que las metodistas habían perdido la pasión por los más pequeños y los perdidos. En 1844, la Iglesia Metodista Episcopal se dividió en dos denominaciones distintas, una que dio cabida a la esclavitud y una que iba en contra de la esclavitud. En 1939, tres ramas del metodismo se reunieron para formar la Iglesia Metodista, pero al precio de segregar a los miembros negros en su propia jurisdicción administrativa separada. En la Asociación Evangélica, una discusión sobre la forma correcta de realizar una misión en Japón se expandió a ataques y contraataques, resultando en una división de treinta años en esa parte de la familia.

En su mejor momento, sin embargo, el pueblo metodista unido se ha esforzado al máximo para traer la justicia y las relaciones correctas en el mundo. La última carta de John Wesley escribió fue a William Wilberforce, implorando a ese miembro del Parlamento británico dirigir la lucha contra la esclavitud, que Wesley llamó "el escándalo de la religión" y "lo más vil que haya visto el sol." Philip William Otterbein trabajó para aliviar la pobreza dondequiera que él viviera. La Iglesia Metodista Episcopal en 1908 adoptó un credo social, un esfuerzo destinado a sensibilizar a los metodistas de lugares en el mundo donde había dolores para curar, paz para buscar, igualdad de derechos para ganar, males sociales para combatir, y testimonio profético hacer. Las agencias denominacionales (precursores de la actual Junta General de Iglesia y Sociedad) se pusieron en marcha para dar recursos y visión a la tarea de unirse a Dios en la misión de traer la justicia y la rectitud. En general, las posiciones oficiales en la IMU (expresadas por la Conferencia General; véase la pregunta 74) en materia de justicia son los siguientes: la guerra, en contra; el racismo, en contra; acoso sexual, en contra; protección del medio ambiente, a favor; la discriminación de género, en contra; cuidado de la salud, para todo el mundo; aborto, a veces lamentablemente bien, pero no para el control de la natalidad; las minorías religiosas, tienen derechos; la homosexualidad, una práctica incompatible con la enseñanza cristiana; la acción afirmativa, a favor; la orientación sexual, todos tienen derechos humanos y civiles; el alcohol, apoya la abstinencia; el tabaco, recomienda la abstinencia; la clonación humana, en contra; la propiedad privada, custodia de Dios; los juegos de azar, en contra; la pena de muerte, en contra; el servicio militar, apoyo a los que sí y los que no; las Naciones Unidas, a favor.

Este resumen de las medidas adoptadas en la Conferencia General de 2012 son solamente los puntos altos de 36 páginas de los principios sociales y 991 páginas de resoluciones. Estas cifras por sí solas, más la visibilidad del testimonio metodista unida, reflejan un esfuerzo continuo para tomar en serio el llamado bíblico a la santidad personal y la de justicia social.

> ¡O que el amigo universal vea este caos de sus criaturas! ¡Que mande acabar nuestra discordia no natural, decláranos reconciliados en ti! Escriba la bondad en nuestras partes internas y espanta al asesino de nuestros corazones!

Otra pregunta: Si el pecado impide que la justicia florezca plenamente en esta vida ¿por qué molestarse en busca de justicia?

60. ¿POR QUÉ CÓMO VIVO MI VIDA MARCA LA DIFERENCIA?

Cómo vivo mi vida es importante porque la forma en que vivo mi vida refleja mi relación con Jesucristo. Por todo el valor que se da a la comunidad y la conexión (ver las preguntas 2, 19, 31, 36, 37, 46, y 55), los

Metodistas Unidos afirman que una relación personal con Jesucristo es esencial (Lc 7:50; Jn 5:34; Hch 16:30; 1 Tim 2:4).

La aceptación de Jesucristo como Salvador es ineludiblemente personal. Hay una pista en la forma en que bautizamos: La persona que está siendo bautizada es llamada por su nombre. No es ningún regalo genérico de gracia; es la afirmación de Dios sobre esta vida individual. Las preguntas formuladas el servicio de la profesión de fe (*UMH*, pp 46-47, por ejemplo.) han de ser contestadas en la primera persona singular: "¿De verdad y sinceramente te arrepientes de sus pecados?" "Sí, me arrepiento." Aunque uno se regocija en la comunidad de fe y amor que le ha llevado a esta etapa del viaje, la profesión que uno hace es individual y personal. El acto litúrgico de la imposición de manos en la confirmación o la reafirmación se acompaña del llamado del nombre de la persona: "Juan Marcos, el Señor te defienda con su gracia celestial…"

La herencia metodista unida gira como limaduras de metal hacia un imán mientras la Biblia ofrece su testimonio claro a la diferencia que Jesucristo hace en una vida: "Antes ni siquiera eran pueblo, pero ahora son pueblo de Dios" (1 Pedro 2:10.). "Ve, y de ahora en adelante no peques más" (Jn 8:11). "No te dejes vencer por el mal, sino vence el mal con el bien" (Rom 12:21). "Trate de averiguar lo que es agradable al Señor" (Ef. 5:10). "Considero todo como pérdida por la excelencia del conocimiento de Cristo Jesús, mi Señor" (Fil 3:8). "Haced morir, pues, lo terrenal que en vosotros está" (Col 3:5). La vida transformada en

Cristo Jesús provee la sangre que corre por las venas de metodismo unido.

A veces no tiramos al blanco (véase la pregunta 65), pero el objetivo de la vida santa ("pasando a la perfección"; véase la pregunta 23) mueve al cristiano justificado inexorablemente hacia la santificación (ver pregunta 25). Ese camino hacia la santidad es lo que hace una diferencia en cómo vivimos.

La moralidad personal, mi hablar, mi mayordomía, mi uso del tiempo, mi abstención de los juegos de azar, mi pureza de pensamiento surgen del amor de Jesús por mí, mi aceptación de ese amor y la gracia que lo hace todo posible. La moralidad social -mi trabajo por la justicia (véase la pregunta 59), mi preocupación por el prójimo, mi reivindicación de la igualdad humana, mi pasión por la paz, mi hambre por la reconciliación - surgen del amor de Jesús por mí, mi aceptación de ese amor, y la gracia que lo hace todo posible. Es por eso cómo vivo marca la diferencia.

> Quiero un principio adentro de temor vigilante, según Dios,
> una sensibilidad del pecado, un dolor de sentirlo cerca.
> Quiero sentir el primer acercamiento del orgullo o mal deseo,
> Para coger el deambular de mi voluntad, y apagar el fuego creciente.

Otra pregunta: ¿Qué relación hay entre la felicidad y la santidad?

11. El Reino de Dios

61. ¿QUÉ ES Y DÓNDE ESTÁ EL REINO DE DIOS?

El reino de Dios es el reinado de Dios y es en cualquier lugar donde la victoria de Dios está totalmente ganada. Jesús declaró que el triunfo de Dios (también llamado "el reino de los cielos") se había acercado (Mt 4:17). Nuestro Señor enseñó a los discípulos a orar: "Véngase tu reino. Hágase tu voluntad en la tierra como en el cielo." (Mt 6:10). A los discípulos se les dijo que lo primero que deben hacer es esforzarse hacia el reino de Dios (Mt 6:33). Jesús contó muchas historias sobre cómo sería ese reino: las malas hierbas serán destruidas, el trigo mantendrá (Mt 13: 24-30); una pequeña semilla de mostaza que crece para ser un gran arbusto (Mt 13:31-32); los ricos que tienen dificultades para entrar (Mc 10:23-27); los pobres que tienen un lugar (Lc 6:20); anticipación de un gran banquete (Lc 22:18). Casi se puede abrir los Evangelios al azar y encontrar alguna imagen, algún pronóstico, algún anuncio del reino. ¡Y el reino no se parece a lo de siempre! Los valores y los sistemas del mundo se vuelcan.

Con los años, los estudiosos han debatido si el reino está aquí o está parcialmente aquí o está aún por venir. De hecho, todas esas respuestas parecen ser verdad. Una vez los fariseos vez le preguntaron a Jesús cuándo llegaría el reino de Dios. Nuestro Señor advirtió: "El reino de Dios no viene con las cosas que se pueden observar... Porque, de hecho, el reino de

Dios está entre vosotros…." (Lc 17:20-21). O una traducción alternativa por J. B. Phillips dice: "El reino de Dios está dentro de ti." El reino es ahora.

John Wesley escribe que cuando rezamos el Padrenuestro estamos rezamos, "Que Tu reino de gracia venga rápidamente ¡y trague todos los reinos de la tierra!" (Notas explicativas: Mateo 6:10). Eso no ha sucedido todavía. El reino está aún por llegar.

Jesús esperaba el reino de Dios dentro de una generación (Mc 9:1). John Wesley dice que vino en Pentecostés, cuando el Espíritu Santo derramó el poder sobre los discípulos reunidos (Hch 2:1-4). El reino está parcialmente aquí.

Estas diversas referencias bíblicas al reino llevan a la conclusión de que la vida del reino podía verse en Jesucristo, que incluso ahora en el siglo XXI tenemos atisbos del reino de Dios, y que en un momento en que parece bueno para Dios, el reino pleno de Dios va a restaurar un futuro que ya hemos visto en Cristo. La muerte y el mal no sólo habrán perdido su poder sino que serán destruidos. "Tu trono, oh Dios, es eterno y para siempre" (Hb 1:8; Sal 45:6).

> ¡Alegraos, el Señor es rey! Su Señor y su Rey, adórenlos; Los mortales, den gracias y canten, y triunfan siempre. Eleva tu corazón, alza tu voz; regocijaos; Otra vez digo, regocijaos.

> Su reino no puede fallar, Él gobierna sobre la tierra y el cielo;
> Las claves de la tierra y el infierno a nuestro Jesús son dadas.

Eleva tu corazón, alza tu voz; regocijaos; Otra vez digo, regocijaos.

Otra pregunta: ¿Dónde has conseguido vislumbrar el reino de Dios?

62. ¿POR QUÉ ES IMPORTANTE LO QUE PIENSO SOBRE EL FUTURO?

La próxima semana, voy a manejar al lago Junaluska, por lo que tengo que hacer unos arreglos a mi auto en los próximos días.

Mi sobrino Robby y su esposa, Iris, vienen a visitarme durante unos días, por lo que tengo que ordenar un poco la casa.

El plazo de entrega de este libro viene pronto y muy pronto, ¡así que más me vale seguir escribiendo esto!

Así se desarrolla la vida. Lo que hago hoy se moldea por lo que veo en el futuro. Nosotros que queremos vivir nuestras vidas "ya no por los deseos humanos, sino por la voluntad de Dios" (1 Ped 4:2) hacemos nuestros planes para hoy basado en el futuro que vemos a Dios desplegar (véase pregunta 61). Si Dios está armando un mundo en el que el amor va a ser el principio de vida, más me vale estar con el programa.

Cuando Martin Boehm fue elegido (por echar suertes, que era la costumbre menonita) para ser ministro por su congregación local, se horrorizó. Había pasado su vida como granjero tranquilo, y se sentía mal preparado para exhortar a los fieles. Después ser elegido, sin embargo, su futuro estaba claro: había de servir como ministro. Al ver ese futuro, se dedicó a prepararse para la tarea, sobre todo por la oración ferviente y la entrega fresca. En la agonía de aquellos días, incluso se sentía perdido espiritualmente. Gritó, "¡Perdido, perdido!" Oyó la voz de su Maestro: "He venido a buscar y salvar lo que estaba perdido" (Lucas 19:10 RV). Debido a que Martin Boehm tuvo una visión de su futuro, tuvo un viaje espiritual diferente para su presente. (Su ministerio fue un ingrediente clave en la siembra de las semillas Hermanos Unidos para el árbol Metodista Unida.)

Los metodistas unidos participan en acciones sociales de compasión y justicia ahora (véase pregunta 59) porque hay un futuro cuando el reino de Dios será compasión y justicia (Ef 1:10). Los metodistas unidos dan lugar central a la adoración ahora (véase la pregunta 37) porque hay un futuro cuando el reino de Dios verá a los santos reunidos en el trono de Dios para alabar (Ap 4:10-11). Los metodistas unidos practican la hospitalidad y la invitación al evangelio ahora (véase la pregunta 30) porque hay un futuro, cuando Dios dirá a todos los que tienen sed, "Todo el que quiera, tome del agua de la vida como un regalo" (Ap 22:17).

> ¡Sí, amén! Que todos te adoran, en lo alto de tu trono eterno; Salvador, toma el poder y la gloria, reclama el reino como tuyo. ¡Aleluya! ¡Aleluya! ¡Aleluya! ¡Dios eterno, baja!

Otra pregunta: ¿Cuál es el futuro que Dios quiere dar?

63. ¿CUÁL ES LA NATURALEZA DEL CIELO?

Una de las declaraciones más enfocadas de Juan Wesley viene en el prefacio de una colección de sus sermones: "Quiero saber una cosa, el camino al cielo - cómo llegar a salvo a esa orilla feliz. Dios mismo se ha rebajado a enseñar el camino. Para este mismo fin Él vino del cielo" (*Obras*, vol. 1, p. 105).

En un sermón atacando la predestinación (véase pregunta 30), John Wesley explica su comprensión de la ruta al cielo: "(1) Dios conoce todos los creyentes, (2) Él desea que sean salvados del pecado; (3) con ese fin Él les justifica la; (4) les santifica, y (5) los lleva a la gloria "(*Obras*, vol 2, p 421).

El Credo de los Apóstoles habla de "la vida eterna." El Credo de Nicea habla de "la vida del mundo futuro." Los metodistas unidos se unen a la familia cristiana en general para afirmar que Dios ofrece un compañerismo alegre, completo y eterno con Cristo y con los santos que comparten aquella victoria de la fe. Jesús nos enseña a orar a "nuestro Padre que está en los cielos" (Mt 6:9). Juan escribe que lo que registra en el libro de Apocalipsis es una visión dentro de la puerta abierta del cielo (Ap 4:4). Dentro de los límites del lenguaje humano, es más fácil pensar en el cielo como un lugar (Ap 2:7; 22:14); las imágenes bíblicas también parecen pensar en el cielo como una relación (1 Cor 15:50; Ef 1:3). El cielo se ve en términos relacionales (como "la ciudad" [Ap 22:14]; como un "banquete" [Mat. 22:1-14]; como un "pacto" [Heb 9:15], y como una comida compartida [Lc

22:14-161). La comida de hermandad en la mesa del Señor es un aperitivo para el cielo (véanse preguntas 38 y 39). Después de recibir la gracia preveniente, justificadora, y santificadora (véase pregunta 25), el creyente conoce la gracia como gracia glorificante (Fil 3:21). La entrada al cielo es por gracia mediante la fe (Ef. 2: 8). Riqueza, poder, posición, e incluso las buenas obras no serán suficientes para la salvación eterna (Gal 2:16). Dios por medio de Jesucristo nos juzga (por ejemplo, Mt 12:36; Rom 2:16; 14:12). El estándar es el amor perfecto (véase pregunta 23) al que somos llamados (1 Jn 4:17). Es el mérito del amor perfecto de Jesús aplicado a nosotros lo cual nos salva (1 Jn 5:11-12).

Uno de los textos favoritos de John Wesley era Efesios 2:8: "Porque por gracia sois salvos por medio de la fe." A Wesley le gustaba señalar que el lenguaje era en el pretérito; es una salvación ya realizada en Cristo y obtenida mediante la fe. El cielo es aquella presencia plena de Dios y ¡ya ha comenzado! Debido a que lo mortal puede vestirse de inmortalidad (como nos pondríamos ropa nueva; 1 Cor 15:54), el viaje continúa en un nuevo cielo (Ap 21:1).

Déjanos para esta fe pelear, salvación segura es el fin; el cielo ya se inició, la vida eterna ganada ya.

Otra pregunta: ¿Cómo quiere usted que sea el cielo?

64. ¿CUÁL ES LA NATURALEZA DEL INFIERNO?

Si el cielo es la comunión eterna con Dios, entonces el infierno es la ausencia de esa comunión. La Confesión de Fe (artículo XII) se asienta en el término "condena sin fin." John Wesley tiene una nota intrigante en su reflexión sobre Hebreos 9:27: "En el momento de la muerte, se determina el estado final de cada uno. Pero no hay una palabra en la Escritura de un juicio particular inmediatamente después de la muerte." (*Notas Explicativas*). Wesley está seguro de que hay un juicio, pero no está tan seguro de que se lleve a cabo justo después de que una persona muere. Es como si Wesley dijera que estamos en un compás de espera después de la muerte hasta el día final del juicio, cuando se establece plenamente el reino de Dios. ¡Me hace sentir mejor reconocer que incluso los gigantes de la fe no estaban tan seguros sobre algunos de estos misterios!

Mientras que el lenguaje tradicional del Credo de los Apóstoles declaró que Jesús "descendió a los infiernos", las versiones más recientes dicen que Jesús "descendió a los muertos." Ambas expresiones significan lo mismo: Jesús dio la oportunidad de la salvación a los que vivieron antes de su ministerio terrenal (1 Ped 3:19-20; 4:6). Wesley dejó fuera esta frase cuando modificó los Artículos de Religión, y, en consecuencia, la mayor parte de uso metodista unido del Credo de los Apóstoles omite "descendió a los muertos." (Compárese el credo en la *UMH* en la pág. 41 y número 882 con la versión en la *UMH*, 881.)

La admisión en las sociedades metodistas tempranas se basaban en un "deseo de huir de la ira venidera" (véase *BOD*, p. 76). Las imágenes de fuego y azufre (Mateo 25:41; Ap. 21: 8) muestran los esfuerzos del lenguaje humano para describir un quebrantamiento, un vacío, que está más allá del alcance de nuestra lengua. Si yo dijera: "Voy a molerte a palos" entenderías mi mensaje aunque no anticiparías quedar como carne molida. De la misma manera, Jesús utilizaba a menudo una imagen cotidiana para comunicarse con la gente; se refirió al lugar de castigo como *gehena* (que traducimos como "infierno"; véase Mateo 5:22; 18: 9., y Lucas 12: 5, por ejemplo). Gehena era un valle en el borde de Jerusalén; la gente en tiempos de Jesús lo conocía como el lugar de los antiguos sacrificios y ahora como un vertedero de basura ardiente de la ciudad. Estar separado de Dios es como terminar en el botadero. ¡Los oyentes de Jesús habrían comprendido esa imagen!

No depende de nosotros decidir quién va al infierno (Mt 7:1; Rom 14: 4). Tenemos la confianza de que Dios es capaz de juzgar correctamente (Gn 18:25). En Jesucristo, Dios ha ofrecido acceso a la comunidad eterna con Dios, y los que en libre albedrío rechacen esa propuesta sufren el castigo de la separación (1 Tes 1:9-10). Pero Dios puede hacernos dignos (con justicia) del llamado a estar con el Dios justo (1 Tes 1:11).

¡Jesús! El nombre por encima de todo, en el infierno o el cielo o en la tierra; ángeles y mortales se postran, y los demonios temen y vuelan.

Otra pregunta: Si Dios es tan amoroso ¿por qué hay un infierno?

65. ¿QUÉ ENSEÑAN LOS METODISTAS UNIDOS SOBRE EL PECADO?

Esta pregunta acerca del pecado viene en el capítulo sobre el reino de Dios, porque el pecado es cualquier cosa que interrumpa, se oponga, o retrase el reino de Dios. Las preguntas 20 y 21 abordaron el tema del pecado. La instrucción wesleyana sobre la salvación (lo que John Wesley llama "la analogía de la fe") incluye siempre el pecado. (¿Cuál es el significado de la salvación si no hay pecado?) La doctrina del pecado es parte de la esencia del cristianismo. Wesley llegó tan lejos como para decir que una doctrina del pecado es "una gran y fundamental diferencia entre el cristianismo y el paganismo... más refinado" (*Obras*, vol. 2, p. 182). El pecado es parte de la condición humana, el aprieto humano. ¿Qué pasa si no se hace nada al respecto? Tal vez la nota escrita en una Biblia de familia de Jacob Albright (fundador de la Asociación Evangélica) pone en primer plano la cuestión de no hacer nada acerca del pecado: "Mucho mejor nunca haber nacido que estar perdido para siempre." Un pecador está perdido (Rom 6:23; Stgo 1:15; Ap 21:8).

Hay una necesidad universal para el perdón que Dios da a través de la gracia justificante (Rom 3:23-24; Ef. 2:8-10.). ¿Perdón para qué? La gracia preveniente de Dios (véase pregunta 25) usa la ley para convencernos de nuestro pecado (Gal 3:23-24; Mt 5:17; Hch 13:39). Wesley entendió la ley como algo más que las leyes ceremoniales y rituales del Antiguo Testamento y más que la ley mosaica (Ex 20:1-17). Para Wesley, la ley fue resumida por Jesús en el Sermón del Monte (Mt 5:1-12) de hecho, trece de los cincuenta y tres sermones en la colección estándar de Wesley son sobre el Sermón del Monte. La ley es, en esencia, "Ame a Dios y ame al prójimo." Ellos son el primer y segundo grandes mandamientos (Mt 22: 36-40). Es la falta de amor a Dios y al prójimo que define nuestra separación de Dios, nuestro pecado.

Curiosamente, el amor de Dios por nosotros se hace más evidente, porque somos pecadores (Rom 5:8). ¿Eso quiere decir que debemos pecar un poco más para que Dios nos ame un poco más (Rom 6:1)? ¡No! La voluntad de Dios es que seamos liberados de la culpa del pecado (justificación), y del dominio del pecado (santificación). Por la justificación y la gracia santificante de Dios (véase pregunta 25), el pecado ya no está a cargo; el Espíritu en Cristo Jesús liberado al creyente de la ley del pecado y de la muerte (Rom 8:2), y el reino de Dios está restaurado.

> ¿Dónde comenzará mi alma curiosa? ¿Cómo aspiraré al cielo completo?
> Un esclavo redimido de la muerte y el pecado, un tizón arrebatado del fuego eterno, ¿cómo levantaré triunfos iguales, y cantaré las alabanzas de mi gran libertador?

Otra pregunta: ¿Cuál es la relación entre la ley y el evangelio?

66. ¿QUÉ SUCEDERÁ EN EL FIN DEL MUNDO?

La doctrina de las últimas cosas se llama la escatología. (¡Ahí tienen una buena palabra para tratar de meter en su próxima conversación en una larga fila en el supermercado!) La palabra *"escatología"* viene de dos palabras griegas que significan "hablar de lo más lejano."

Es un ejercicio del ego humano hablar del fin del mundo como "las últimas cosas." Con Dios no hay últimas cosas. El reino último de Dios trata de un nuevo comienzo (Ap 21:1, 5). Es lo que Wesley llama "un nuevo y eterno estado de las cosas." El fin del mundo, entonces, es realmente sobre el reino completo de Dios.

Muchos en la iglesia primitiva pensaban que Jesús volvería pronto y establecería la nueva era (véase pregunta 12). Algunos incluso dejaron de trabajar debido a que no vieron la necesidad de comprar alimentos si el día del Señor se había acercado (2 Tes 3:6-12). Incluso Pablo pensaba que había una buena probabilidad de que la Parusía (véase pregunta 12) ocurriría durante la generación actual (1 Cor 15:51). No se hizo.

Así que era el momento para el plan B. Si Jesús no va a regresar en este momento para establecer el día del Señor, ¿qué debemos hacer mientras tanto? (Una broma tiene un obispo diciendo a sus pastores, "Si Jesús vuelve, ¡parezcan ocupados!") Pablo dio un buen consejo a Arquipo: "Mira que cumplas el ministerio que recibiste del Señor" (Col 4:17). La tarea para nosotros es pasar de nuevo nacimiento (véase pregunta 28) hacia la perfección en santidad (véase pregunta

23). Mientras esperamos en estos días entre-los-tiempos, debemos ir pasando a la perfección (Sal 18:30; Mt 5:48; Flp 3,12; Stgo 1:17). Tenemos algunas pistas sobre cómo será la nueva era (Mt 25:31-46; 1 Cor 15:54; Ef 1:21; Col 1:20; Ap 21:27). Pero, ¿cómo vamos a saber cuándo está a punto de llegar? ¿Cuáles serán las señales del fin de esta era y el comienzo de la nueva era de Dios?

Antes de responder a esta pregunta, es útil leer Hechos 1:7 ("no os toca a vosotros saber") y Mateo 24:36 ("solo el Padre" sabe) y Deuteronomio 29:29 (Dios tiene algunos secretos). Después de enumerar una serie de cosas que no van a estar en el final (Mt 24:3-12), Jesús dice que el fin del mundo será después de que las buenas nuevas hayan sido "proclamadas en todo el mundo" (Mt 24:14). -(John Wesley pensó que Jesús se refería aquí a la destrucción de Jerusalén y el templo, lo que ocurrió en el año 70 EC.) Aun así, la Parusía no sucedió en el año 70.

¿Qué pasa con el mundo extraño visto en el libro de Apocalipsis o las visiones caóticas que se desarrollan en el libro de Daniel? La mayor parte de estos escritos es apocalíptica, lo que significa que se supone que revelan o develan lo que normalmente se oculta. La literatura apocalíptica usa imágenes radicales en tiempos de gran persecución. El propósito final es pintar la esperanza y la victoria con un pincel grande y vibrante. No es extraño que nos sumamos a los que lloran, "¡Ven, Señor Jesús!" (Ap 22:20). La única cosa para añadir es el último verso de la Biblia (Ap 22:21): "La gracia del Señor Jesús sea con todos los santos. Amén."

¡Alégrense en esperanza gloriosa! Jesús, el juez, vendrá y llevará a sus servidores hasta su hogar eterno. Pronto oiremos la voz de arcángel; la trompeta de Dios sonará, ¡goza!

Otra pregunta: ¿Cuál sería la diferencia en su vida si supiera precisamente cuándo el mundo tal como lo conocemos terminará?

12. Historia y herencia

67. ¿QUIÉN FUE JUAN WESLEY, Y QUIÉNES ERAN TODAS ESAS OTRAS PERSONAS?

Metodistas Unidos creen que Dios actúa en la historia, por lo que las historias y relatos de los hombres y mujeres que han forjado la experiencia metodista unida son importantes. Dada una historia que se remonta a más de trescientos años, y dado el hecho de que ahora hay casi ocho millones de metodistas unidos en los Estados Unidos y casi cuatro millones en otros países, es un poco difícil -si no atrevido- identificar un mero puñado para su inclusión en este capítulo. Sin embargo, he esbozado breves cuadros de los cinco hombres que se consideran fundadores de los movimientos que se fusionaron en el metodismo unido. Para minimizar los dolores de panza entre los metodistas unidos, he hecho una lista por orden alfabético.

JACOB ALBRIGHT (1759-1808) era un agricultor luterano fabricante de azulejos en Pensilvania. Después de una conversión religiosa bajo el ministerio de un predicador laico metodista, dirigió un grupo de cristianos de habla alemana en la formación de las sociedades religiosas que con el tiempo dio lugar a la creación de la Asociación Evangélica.

MARTIN BOEHM (1725-1812) era un agricultor menonita elegido por sorteo para ser pastor. Su fervor religioso aumentó mientras expandía la obra de evangelización entre la gente de habla alemana en Pensilvania y mientras cooperaba con predicadores metodistas en los entornos de habla Inglés. Su trabajo condujo a la fundación de la Iglesia de los Hermanos Unidos en Cristo.

PHILIP WILLIAM OTTERBEIN (1726-1813) fue un pastor reformado altamente educado en Alemania que respondió en 1752 al llamado a atender a las personas de habla alemana en los Estados Unidos. En la teología, la política y las amistades, él estaba cerca del movimiento metodista. De su liderazgo (junto con el de Boehm), un movimiento de renacimiento alemán ayudó a dar forma al comienzo a la iglesia de los Hermanos Unidos en Cristo.

CHARLES WESLEY (1707-1788) era uno de los dos hermanos cuyo compromiso con una vida santa llevó al avivamiento metodista en Inglaterra. Como sacerdote en la Iglesia de Inglaterra, tenía sólida formación teológica. Uno de sus grandes dones del ministerio era para expresar el Evangelio en himnos doctrinalmente sonido; escribió más de seis mil.

JOHN WESLEY (1703-1791) era el mayor de los dos hermanos que desataron un renacimiento evangélico y sacramental en la Iglesia de Inglaterra. Un sacerdote fiel a la Iglesia de Inglaterra, que finalmente vio la necesidad de la separación de la expresión americana del movimiento y autorizó la organización de la Iglesia Metodista Episcopal en los Estados Unidos.

En 1922, la Iglesia Evangélica se formó de varias ramas que habían salido de los ministerios originales de Jacob Albright. En 1800, los seguidores de Martin Boehm y Philip William Otterbein organizaron la Iglesia de los Hermanos Unidos en Cristo. Su recorrido incluyó divisiones y ampliaciones hasta que la Iglesia Evangélica y la Iglesia de los Hermanos Unidos en Cristo se fusionaron en 1946 para convertirse en la Iglesia Evangélica de los Hermanos Unidos.

La Iglesia Metodista Episcopal en América (1784) tenía sus propias divisiones y crisis, pero en 1939, tres corrientes principales (la Iglesia Metodista Episcopal, la Iglesia Metodista Episcopal del Sur, y la Iglesia Protestante Metodista) se reunieron como la Iglesia Metodista.

En la celebración de su historia común, enfoques misionales similares, y la pasión mutua para la evangelización, la Iglesia de los Hermanos Evangélicos Unidos y la Iglesia Metodista se unieron en 1968 para convertirse en la IMU.

¿Estamos aún con vida, viéndonos cara a cara? Gloria y gracias a Jesús den por su poderosa gracia!

Otra pregunta: ¿Qué se ganó y qué se perdió mientras las diversas reuniones y fusiones creaban la IMU?

68. ¿Cuándo la iglesia no parece una iglesia?

Gran parte del ministerio de la Iglesia Metodista Unida ocurre en (o desde) los edificios que tienen torres, vitrales, y otras características "de iglesia". Pero no siempre. A veces la misión de "hacer discípulos de Jesucristo para la transformación del mundo" (*BOD*, ¶ 120) ocurre en hospitales, residencias de ancianos, campamentos, campus universitarios, centros comunitarios y hogares para niños.

La mayoría de estos ministerios de salud y bienestar son instituciones con su propia constitución legal y su propio consejo administrativo. Su relación con la IMU (y sus órganos predecesores) es tradicional, histórico, o simplemente "por la fe." Los detalles de estas designaciones se pueden encontrar en la *BOD*, ¶ 2517.

John Wesley produjo un pequeño volumen, *"El Médico Primitivo: Una manera fácil y método natural de curar casi todas las enfermedades* (véase la pregunta 58), que fue su esfuerzo para proporcionar información médica para aquellos cuyas circunstancias no les permitían el acceso a profesionales médicos. Los temas van desde contusiones a la calvicie a picaduras de avispa al reumatismo.

Los metodistas unidos han seguido buscando formas de atender a las personas en etapas vulnerables de la vida. En algún momento, había orfanatos tradicionales. Ahora hay "padres de casa" que viven con niños y jóvenes con problemas, y hay programas de formación / apoyo para las parejas que desean ser padres de crianza (Mt 19:14).

Las comunidades de jubilados ofrecen una gama de planes de vivienda (Sal 71:9). Hay más de trescientos hospitales, clínicas y centros de salud que reflejan el ministerio de sanidad metodista unida (Sal 103:3). Los campamentos y centros de conferencias ofrecen a los niños, jóvenes y adultos lugares para encontrarse con la creación de Dios y para explorar los espacios interiores de la vida (Rom 1:20). Los ministerios universitarios metodistas unidos prosperan en más de quinientos colegios y universidades (Isa. 28:9-10).

El Comité Metodista Unido de Auxilio (UMCOR) existe "para ayudar a los metodistas unidos e iglesias a involucrarse a nivel mundial en los ministerios de salud y bienestar y en el ministerio directo a las personas necesitadas" (*BOD*, 1339.1a ¶). UMCOR es una de las maneras en que los metodistas unidos proporcionan auxilio a desastres y recuperación. Dado que los costos administrativos son cubiertos en los presupuestos de la denominación, todas las donaciones a los diversos proyectos UMCOR van directamente a los proyectos. Los servicios prestados son tan variados como las necesidades humanas: vivienda después de desastres naturales, ministerios del VIH/SIDA, agua para aldeas remotas, asistencia a los refugiados, y respuestas a los problemas de salud mundiales, como el ébola. (En 2012, por ejemplo, más de $54 millones se destinaron a atender las condiciones humanas fuera de los Estados Unidos.) Los voluntarios que sirven a través de UMCOR se quedan para ayudar a las comunidades mucho después de que un huracán, un terremoto o un tornado ya no sea noticia de primera plana.

Las contribuciones financieras designadas se dan a menudo a través de un programa conocido como el Avance de Cristo y su Iglesia (*BOD*, 5 1322), usualmente llamado simplemente El Avance ("The Advance"). Estos "Especiales Anticipados" (fondos) (*BOD*, 5

822) se pueden dar a cualquiera de los cientos de proyectos en categorías tan diversas como la agricultura, el desarrollo de la iglesia, el hambre y la pobreza, y la justicia social. Para obtener una lista de los proyectos anticipados, vaya a http://www.umcmission.org/Give-to-Mission/The-Advance.

> Nunca muévanse de su servicio, compruébense útiles para sí mismos; Utilice la gracia en cada uno, templados por el arte de Dios.

Otra pregunta: ¿Cuáles son los aspectos positivos y negativos de la misión práctica y de la misión que sólo consiste en el envío de dinero?

69. ¿CÓMO LLEGÓ EL METODISMO UNIDO A LOS ESTADOS UNIDOS?

Debido a que la IMU no se fundó hasta 1968, una mejor manera de hacer esta pregunta es "¿Cómo llegaron las raíces del metodismo unido a los Estados Unidos?"

Philip William Otterbein (ver pregunta 67) llegó con otros cinco de Alemania en 1752 para expandir el ministerio entre la gente de habla alemana, principalmente en Pennsylvania y Maryland. Él trajo consigo una pasión por el estudio de la Biblia, pequeños grupos de oración y la predicación del nuevo nacimiento en Cristo. La familia de Martin Boehm (véase pregunta 67) había llegado a este país en 1715 para escapar de la persecución religiosa. El ministerio de Boehm fue marcado por un gran celo y un llamado a una vida piadosa. Jacob Albright (véase pregunta 67) era probablemente un americano de segunda generación. Entre las personas de habla alemana en Pensilvania, él hablaba de la conversión y el valor de la comunión entre los creyentes. Una revisión de la influencia de estos tres líderes claves muestran algunos de los primeros frutos de los valores metodistas unidos en este país.

Algunos laicos metodistas de Inglaterra e Irlanda trajeron su pasión por el Evangelio a las colonias. Personas como Robert Strawbridge, Philip Embury, Barbara Heck, y Thomas Webb marcaron el ritmo. John Wesley (véase pregunta 67) buscó fortalecer el trabajo mediante el envío de predicadores laicos experimentados: Richard Boardman, Joseph Pilmore, Richard Wright, y Francis Asbury (véase pregunta 70).

Los metodistas en América anhelaban un acceso regular a la Cena del Señor, pero no hubía clérigos ordenados para presidir. John Wesley trató de conseguir que las autoridades de la Iglesia de Inglaterra enviaran sacerdotes a América para el pueblo metodistas, pero no querían. Después de estudiar, Wesley llegó a entender que en el Nuevo Testamento, los cargos de anciano (sacerdote) y de obispo eran el mismo (véase pregunta 34). En vista de ello, él mismo, un sacerdote anglicano, pero no un obispo, con la imposición de las manos apartó a Richard Whatcoat y Thomas Vasey como ministros ordenados y apartó a Thomas Coke como superintendente general del ministerio de América (con la instrucción de que

Francisco Asbury recibiera igual responsabilidad). Esta acción de John Wesley hizo posible que los metodistas en América se convirtieran en una iglesia independiente. La "teología práctica" (véase pregunta 51) del metodismo unido fue bien plantado en el suelo americano.

Cuando en una conferencia en 1784 Francis Asbury (véase pregunta 70) fue ordenado y apartado como un superintendente general (obispo), entre los que se unieron a imponer manos estaba Philip William Otterbein (ver pregunta 67). ¡Qué maravillosamente comenzó Dios a reunir a la herencia de la IMU!

> Unidos en un mismo espíritu a nuestra Cabeza, donde él nombre iremos, y aún en los pasos de Jesús caminar, y hacer su trabajo aquí abajo.

Otra pregunta: ¿Qué parte de la historia del metodismo unido necesita ser recuperada más profundamente?

70. ¿QUIÉNES ERAN FRANCIS ASBURY, CHRISTIAN NEWCOMER, HARRY HOSIER, BARBARA HECK, Y GEORGE MILLER?

Estos nombres representan decenas de hombres y mujeres, tanto anunciados como desconocidos, cuya influencia ayudó a dar forma a los precursores de la IMU de hoy. Una narración rápida de la historia de algunos de estos hermanos y hermanas en la fe dará una vista de "tan grande nube de testigos" (Heb 12:1).

Francis Asbury (1745-1816) fue uno de los primeros superintendentes generales para el trabajo metodista en América (junto con Thomas Coke). Afirmar que un pastor no abandona a sus ovejas, Asbury fue el único predicador inglés que se quedó (¡a veces a escondidas!) en este país durante la guerra revolucionaria. Sus viajes evangelísticos como un pastor itinerante le hicieron un líder práctico para el rápido crecimiento de trabajo metodista. La rama de ventas de la Casa de Publicaciones Metodista Unidas se llama Cokesbury por los dos primeros obispos-Coke y Asbury.

Christian Newcomer (1749-1830) al inicio resistía la idea de predicar, pero luego estaba bajo la influencia de Otterbein y Boehm (véase la pregunta 67) y comenzó un ministerio de casi cincuenta años. Su diario registra sus viajes de casi doscientos mil millas a caballo ya que trabajó como evangelista, pastor y organizador inicial de la Iglesia de los Hermanos Unidos. Una de sus principales aportaciones fue escribir declaraciones doctrinales y de organización.

Harry Hosier (1750-1806) fue un compañero de paseo del Obispo Asbury. Hosier (a veces escrito *Hoosier)* era un esclavo liberado que se dio a conocer como un predicador extraordinario. Algunas cuentas indican que él fue el primer afroamericano en obtener licencia para predicar en el metodismo americano. Aunque la apelación metodista a los pobres y los marginados ayudó a Hosier y Asbury en su ministerio entre los esclavos, el poder y la atracción de Hosier fueron mucho más allá de los metodistas negros. ¡Algunos incluso se preguntaban si el obispo Asbury podría haber sido un poco celoso del poder de la predicación de Hosier! Hosier estuvo presente en la conferencia que organizó el metodismo americano en 1784.

Barbara Heck (1734-1804) ayudó a formar la primera sociedad metodista en Nueva York en 1766. Ella había venido de Irlanda y trajo un entusiasmo para reunir a la gente a escuchar la predicación fuerte y un afán de mejorar la vida moral de los que la rodeaban. Heck estaba entre un grupo de británicos leales que emigraron a Canadá cuando los nuevos Estados Unidos comenzaron a solidificarse. Ella y su marido, Paul, ayudaron a promulgar una fuerte presencia metodista que continúa hoy en la Iglesia Unida de Canadá.

George Miller (1774-1816) creció en un hogar luterano devoto. En 1798, escuchó a Jacob Albright (véase pregunta 67) predicar, y dentro de unos años, con el riesgo de pérdida de la familia y la destrucción de represalia de su vida como un molinero, comenzó un ministerio itinerante energético. Una vez que la mala salud lo obligó a detenerse, comenzó un ministerio de la escritura. Basando su trabajo en el *Libro de Disciplina Metodista*, ideó artículos de fe y un *Libro de Disciplina* para la Asociación Evangélica.

> ¿Dónde debe parar una cuenta tal? ¿Hay que señalar a Susannah Wesley? ¿Qué hay de John Walter o John George Pfrimmer o entre-los-Tucos (de la tribu de Wyandotte) o Alejo Hernández o Hon Fan Chan o Sojourner Truth or Caridad Opherel o...? Dios sigue levantando líderes entre los Metodistas Unidos.

Todos somos uno los que le reciben, y cada uno con
cada uno de acuerdo, en él el Uno, la verdad, vivimos;
¡punto bendito de la unidad!

Otra pregunta: ¿De qué manera se diferencian entre sí
los líderes metodistas unidos, y qué es lo que parecen
tener en común?

71. ¿QUIÉN FUE MARJORIE MATTHEWS?

En 1980, la metodista unida Marjorie Matthews
Swank se convirtió en el primer obispo electo mujer
en cualquier denominación principal. El camino hacia
los plenos derechos y responsabilidades de clero para
las mujeres no ha sido plano, pero ahora casi el 25 por
ciento de los clérigos metodistas unidos son mujeres.

La iglesia primitiva tuvo a mujeres que oraban y
profetizaban (1 Cor. 11: 5). La iglesia del Nuevo Testamento tuvo a mujeres en puestos de liderazgo
(Evodia, Síntique, Mary, Prisca, Trifosa, Junia, Trife-
na, Lydia, y Dorcas, por nombrar algunos). Hay un
registro bíblico (Romanos 16: 1-2.) de una mujer que
servía como diaconisa. En sus *Notas Explicativas*, John
Wesley dejó este comentario en 1 Corintios 11:11:
"Ni [hombre ni mujer] se excluye, ni se prefiere antes
que el otro en el reino [de Dios]."

En 1761, Sarah Crosby se convirtió en la primera
mujer licenciada por John Wesley para predicar. En
1787, la Conferencia Metodista en Inglaterra autorizó
a Sarah Mallett a predicar. La ordenación era otra

cosa. No fue hasta 1866 que cualquier predecesor del metodismo unido ordenó a una mujer; en ese año, la Conferencia del Norte de Indiana de la Iglesia Protestante Metodista (antes de su completa afiliación con la Iglesia Protestante Metodista) ordenó a Helenor M. Davison. Pauline Martindale, Maggie Elliott Ritchie, y Anna Howard Shaw también pronto fueron ordenadas en la tradición Protestante Metodista.

En la Iglesia de los Hermanos Unidos, Caridad Opheral fue comisionada a predicar en 1847. Lidia Sexton fue autorizada para predicar en 1859. En 1889 la Conferencia General de la Iglesia de los Hermanos Unidas votó a favor de los derechos de clero para las mujeres. Hasta su fusión con la Iglesia de los Hermanos Unidos en 1946, la Iglesia Evangélica no tenía la práctica de ordenar mujeres.

La Iglesia Metodista esperó hasta 1956 para otorgar derechos plenos de clero a las mujeres (aunque algunas habían estado sirviendo como pastores con licencia). Maude Jensen, de la Conferencia Central de Pennsylvania fue la primera en ser recibida como miembro pleno de la conferencia como una pastora.

La Iglesia Metodista Unida ahora da el estado de clero completo a las mujeres sobre la misma base que los hombres. Se anima a los comités locales de la iglesia sobre nominaciones y desarrollo del liderazgo (*BOD*, ¶ 258.1) para que incluyan tanto a hombres y mujeres en roles de liderazgo laico. Aunque se han dado pasos hacia la visión del Nuevo Testamento de igualdad (Gal 3:28), aún hay informes de resistencia a las mujeres como pastoras y líderes de la iglesia. Una de las tragedias del pecado del sexismo es que una mujer cuyo liderazgo no se respeta no puede estar segura de si es porque ella es una mujer o debido a alguna limitación en sus dones y gracia. Tal vez es el momento de volver a escuchar a Susannah Wesley (madre de Juan y Carlos). Mientras su marido, Samuel, estaba alejado de sus funciones como rector de la Iglesia de San Andrés en Epworth, Susannah llevaba a cabo unos cultos en las tardes, y muchos en la parroquia venían. Samuel le pidió que se detuviera. Susannah dijo que lo haría sólo después de recibir "su mandato positivo." De ese modo, concluyó, ella estaría libre "de toda culpa y castigo por descuidar esta oportunidad de hacer el bien a las almas, cuando usted y yo nos presentemos ante el gran y terrible tribunal de nuestro Señor Jesucristo." Samuel recibió el mensaje. Los servicios continuaron.

> Párese pues en su gran poder, con todas sus fuerzas dotado; mas lleve a pelear la armadura de Dios; para que, una vez hecho todo, y los conflictos pasados ya, se sobreponga por Cristo solo y se pare completo al final.

Otra pregunta: ¿Qué papel han tenido las mujeres en su viaje espiritual?

72. ¿QUÉ TIENEN EN COMÚN MONROVIA Y CINCINNATI?

Un montón. Una cosa que tienen en común Monrovia y Cincinnati es la presencia y el testimonio de las congregaciones metodistas unidos. (En Cincinnati hay cuarenta y siete nombramientos metodistas unidos; en el Distrito de Monrovia, Liberia, hay treinta y dos congregaciones metodistas unidos.)

La Iglesia Metodista Unida es global. Hay siete conferencias centrales: Conferencia Central de África, Conferencia Central de Congo, Conferencia Central de África Occidental, Conferencia Central del Centro y Sur de Europa, Conferencia Central de Alemania, Conferencia Central del Norte de Europa, y Conferencia Central de Filipinas. Hay setenta y seis conferencias anuales fuera de los Estados Unidos, y estas son servidas por veinte obispos (véanse las preguntas 74 y 76).

Los números de miembros metodistas unidos cambian a diario, por supuesto, pero hay una clara tendencia hacia el aumento de miembros fuera de los Estados Unidos y la disminución de miembros en los Estados Unidos. Algunos observadores de la vida de la iglesia anticipan que dentro de más o menos una década habrá tantos metodistas unidos más allá de los Estados Unidos que dentro de los Estados Unidos. Esto presentará desafíos y oportunidades que se diferencian de los experimentados por las denominaciones que se basan a nivel nacional.

Treinta y siete escuelas de teología son aprobadas para estudios metodistas unidos fuera de los Estados Unidos. ¿Qué tan extendida es esta presencia educativa? Entre los locales de esta formación mundial de pastores son Rusia, Mongolia, Polonia, Alemania, Filipinas, Nigeria, Sierra Leona, y Perú (Mc 16:15).

La amplitud de la obra metodista unida toca todos los aspectos de la vida. Usemos a Sierra Leona como ejemplo. En ese país, hay más de trescientas escuelas primarias y secundarias relacionadas con la denominación. Hay cuatro hospitales metodistas unidos y una escuela de enfermería. Hay cuatro proyectos agrícolas en curso. Hay un centro de rescate de niños para apoyar a los niños afectados por la guerra y otras interrupciones. Hay una escuela de teología, y hay tres centros de formación para las mujeres. Además, hay un esfuerzo para restablecer un sistema de comunicaciones que fue destruido durante el reciente conflicto civil. Y hay más de quinientas congregaciones. La asociación entre los metodistas unidos en Sierra Leona y los de los Estados Unidos ha llevado el testimonio de Jesucristo a plena floración (Hechos 22:15).

En 1831, Melville B. Cox dejó su trabajo como pastor de la Iglesia Metodista Edenton Street en Raleigh, Carolina del Norte, para empezar un trabajo de misiones en África. En 1855, los líderes de la tradición de los Hermanos Unidos comenzaron el ministerio en Sierra Leona. Ahora el fruto de aquellas primeras semillas trae misioneros de África para dar testimonio en los Estados Unidos. El testimonio metodista unida acerca de Jesús es más fuerte debido a eso (Marcos 16:15).

> Venid, y nos unimos con dulzura, para alabar a Cristo en los himnos divinos; unánimes demos juntos, gloria a nuestro Señor común.

Otra pregunta: ¿Cuáles dones y pruebas vienen de ser una denominación global?

13. El Gobierno de la Iglesia

73. ¿QUÉ ES EL *LIBRO DE DISCIPLINA*?

En resumen, el *Libro de Disciplina* (se refiere con frecuencia como *BOD*, por sus siglas en inglés, en este libro) es el libro de ley de la Iglesia Metodista Unida. Es la forma en que los metodistas unidos pretenden ser discípulos (*discípulo* y *disciplina* tienen la misma raíz). Es un pacto entre los metodistas unidos a rendir cuentas a nuestro patrimonio común, nuestra ceñidura teológica, nuestra fe bíblica, nuestra naturaleza conectiva, y nuestra tarea misional. ¿Cómo vamos a hacer todo eso? ¡La respuesta en la edición 2012 ocupa más de ochocientas páginas!

Cada uno de los afluentes que conforman el metodismo unido ha empleado durante mucho tiempo un plan para vivir juntos. Partiendo de las *actas* de las conferencias que John Wesley llevó a cabo en Inglaterra, la Iglesia Metodista Episcopal en los Estados Unidos en 1785 publicó las *Doctrinas y Disciplina de la Iglesia Metodista Episcopal en los Estados Unidos*. En 1808, La Iglesia de los Hermanos Unidos en Cristo tradujo la *Disciplina* al alemán; en 1813, los Hermanos Unidos exigieron la publicación de su propia *disciplina*. La Asociación Evangélica adoptó los *Artículos de Fe y el Libro de Disciplina* en 1809. Se basó en gran manera una traducción alemana de la *Disciplina Metodista*.

El *Libro de la Disciplina Metodista Unida* se revisa cada cuatro años por la acción de la Conferencia General mundial (véase la pregunta 74). El párrafo 59 de la

Disciplina se describe cómo la Constitución de la denominación puede ser modificada, pero las Normas Restrictivas en la Constitución ponen una barrera alrededor de dos elementos que son más difíciles de cambiar que otras partes de la Constitución:

1. Los Artículos de Religión (véase la pregunta 49)
2. La Confesión de Fe (véase la pregunta 49)

Aunque las páginas de El *Libro de Disciplina* están numeradas, la referencia a elementos particulares se hace generalmente mediante la identificación del número del párrafo correspondiente. Por ejemplo, la composición y organización de una junta de fideicomisarios de una iglesia local se aborda en el *BOD*, ¶ 2530. (En algunos círculos, se considera una insignia de honor ser capaz de tirar referencia a párrafos por número como si todo el mundo supiera lo que el presente párrafo dice, o sea, seguro conoces el contenido del párrafo 703.7c, ¿no? (si no, puede echar un vistazo a la página 510) Debido a que la *Disciplina* cambia cada cuatro años, es importante tener acceso a la edición más reciente.

Los metodistas unidos aceptan vivir por El *Libro de Disciplina*, aun si al mismo tiempo están trabajando para cambiarlo. De hecho, se trata de un delito imputable (sujeto a juicio, lo cual es bastante raro), ya sea para un clérigo o un laico ser "rebelde a la orden y la disciplina de la Iglesia Metodista Unida" (*BOD*, ¶ 2702). Algunas personas se sienten llamados por Dios para violar las porciones de la *disciplina* que consideren injustas. (En otro contexto, los Principios Sociales reconocen el derecho a la desobediencia civil; *BOD*, ¶ 164f.)

La disciplina de la iglesia es importante porque un discipulado fiel es cómo le damos honor a Dios. En la tradición metodista unida, nos necesitamos unos a otros en la conexión para ayudarnos a entender lo que esto significa y apoyarnos en la realización de esas disciplinas. ¡Ser miembros de la Iglesia no es un deporte de solista!

> Para servir a la época actual, mi vocación de cumplir;
> O puede que todo mi poder participe en hacer la voluntad de mi Maestro!

Otra pregunta: ¿Cómo puede el Libro de Disciplina ayudar a una persona a ser un discípulo de Jesucristo?

74. ¿QUÉ ES UNA CONFERENCIA?

Desde los días de Wesley, Otterbein, y Albright, y en los momentos de división dolorosa y los momentos de puro placer, los metodistas unidos en todas sus configuraciones han sido un pueblo de conferencia (Hechos 15: 6). La palabra misma *"conferencia"* refleja el entender metodista unida que Dios nos ha elegido para una comunidad conectada, una que confiere, que decide en conjunto, una que sostiene cada uno responsable por el otro, una que busca hacer juntos lo mejor que se puede hacer juntos (véase la pregunta

31). El metodismo unido existe en una serie de conferencias relacionadas entre sí.

CONFERENCIA DE CARGO: Se trata de una reunión anual (o llamada) para los líderes electos de una iglesia local (u ocasionalmente, para toda la congregación). Se conecta la iglesia local con el resto del metodismo unido; el superintendente de distrito (o un anciano nombrado por el superintendente) preside. En esta reunión, los oficiales se eligen, las cuestiones de propiedad se manejan, se intercambian informes y planes para el ministerio, y se da supervisión al consejo de la iglesia (que se ocupa de los asuntos diarios administrativos y espirituales de la iglesia local). Si más de una iglesia local es servida por el mismo pastor, estas iglesias se reúnen para la conferencia de cargo. La conferencia de cargo recomienda a las personas que buscan ser candidatos para el ministerio ordenado.

CONFERENCIA DE DISTRITO: Si una conferencia anual así requiere, las iglesias en una región (llamado un distrito) se reúnen para asuntos del distrito. (Unos pocos distritos son organizados por la demografía de la congregación en lugar de la geografía.) El rol del distrito varía en todo el metodismo unido.

CONFERENCIA ANUAL: La conferencia anual es el cuerpo básico de la iglesia (*BOD*, ¶ 33). Los miembros del clero y los miembros laicos (elegidos en la conferencia de carga) se reúnen para votar sobre los cambios propuestos a la Constitución, para elegir a los delegados a las conferencias jurisdiccionales / centrales y a la Conferencia General, para nombrar a los que han de ser nombrados, para aprobar a los que serán ordenados, para planificar la vida financiera y programática común, y para escuchar los nombramientos pastorales para el año siguiente. El tamaño geográfico de las conferencias anuales varía en todo el mundo; en los Estados Unidos, hay cincuenta y siete conferencias anuales, pero el número cambia a medida que se produzcan fusiones y expansiones.

CONFERENCIA JURISDICCIONAL / CENTRAL: En los Estados Unidos, los órganos regionales de mayor tamaño (cinco para todo el país) se denominan conferencias jurisdiccionales. Fuera de los Estados Unidos, estas entidades se denominan conferencias centrales (siete en todo el mundo, aunque ese número puede cambiar). Aunque las conferencias de este nivel hacen diversas cantidades de ministerio de programas, su misión principal es la elección cuatrienal (cada cuatro años) de los obispos (véase pregunta 76). Los delegados a las conferencias jurisdiccionales y centrales son elegidos por las conferencias anuales.

CONFERENCIA GENERAL: Cada cuatro años, los metodistas unidos de todo el mundo vienen como delegados a la Conferencia General. Además de revisar, aclarar, y editar el *Libro de Disciplina*, los delegados (elegidos por las conferencias anuales) establecen objetivos misionales, determinan los patrones de organización, deciden reparticiones financieras, y hacen declaraciones en nombre de toda la denominación. Sólo la Conferencia General puede hablar en nombre de la Iglesia Metodista Unida. El número de miembros de la Conferencia General se limita a mil o menos, y cada conferencia anual recibe su número de delegados (igual entre laicos y clero), basado en una fórmula que refleja más o menos los totales de membresía.

Duerma con todo esto debajo de la almohada esta noche. Estoy seguro de que tendrá más sentido en la mañana.

Fuego purificante, ilumina mi alma; esparce tu vida en cada parte y santifica el todo.

Otra pregunta: ¿Qué significa para un metodista unido decir "La conferencia no son *ellos*; la conferencia somos nosotros"?

75. ¿CUÁL ES LA CLÁUSULA DE FIDEICOMISO?

La cláusula de fideicomiso en las escrituras de propiedad es una manera en que los metodistas unidos dicen, "Estamos en esto juntos." La práctica se remonta a los días de Wesley y era parte del sistema de gobierno (organización), tanto de la Iglesia Evangélica de los Hermanos Unidos como de la Iglesia Metodista. Básicamente, la cláusula de fideicomiso (requerida en todas las escrituras de bienes de propiedad de las entidades denominacionales, incluyendo las iglesias locales) establece que la propiedad se mantiene en fideicomiso para la denominación. Hay dos principales implicaciones prácticas de esta política: Primero, la junta distrital (véase pregunta 74) de ubicación y construcción de edificios tiene que aprobar los planes financieros y arquitectónicos para la construcción de una iglesia local. Segundo, si una iglesia local deja de ser una congregación metodista unida, la propiedad se convierte en la responsabilidad del consejo de administración de la conferencia anual.

No es correcto decir que "la conferencia es dueña de nuestro edificio", como algunos metodistas unidos piensan. La propiedad está bajo el control de la iglesia local (según el *BOD*) mientras la iglesia local es metodista unida. El efecto de la cláusula sólo se activa si la iglesia local es abandonada o decide salir de la denominación. La cláusula de fideicomiso se considera incluida en las escrituras (aun cuando las palabras no lo son) si se cumplen cualquiera de las siguientes condiciones: (1) la propiedad se transfirió a una entidad metodista unida; (2) la entidad -una iglesia local, por ejemplo- se presenta a la comunidad como metodista unida mediante el uso de "nombre, las costumbres y la política de la Iglesia Metodista Unida"; o (3) la iglesia local acepta pastores nombrados por el obispo o empleados por el superintendente del distrito.

Wesley desarrolló escrituras que protegían la propiedad metodista de aquellas personas que tratarían de usar esa propiedad para las prácticas contrarias a la doctrina y costumbres metodistas. La Escritura de

Declaración en 1784 dio a los "Cien Legales" (un precursor de la conferencia anual de hoy) la misma autoridad que John y Charles Wesley tenían durante sus vidas. Se escribió una "escritura modelo" fue escrito, un precursor de la cláusula de fideicomiso de hoy. Dicha escritura asegura a cualquier persona que dé un regalo para una propiedad metodista unida que dicha propiedad siempre estará ligada a la conexión metodista unida. En cierto sentido, cualquier metodista unida puede pasar por cualquier propiedad metodista unido y decir, con alegría, "¡Hey! Esa también es nuestra!"

En el siglo XXI, han surgido temas legales complejos mientras los tribunales civiles tratan de desenredar asuntos de propiedad que implican denominaciones conexionales tales como la IMU. En el momento de escribir estas líneas, hay un importante estudio en curso para tratar de mantener la intención de la cláusula de fideicomiso en el contexto de los códigos legales civiles de hoy en día. Manténganse sintonizado.

Si encuentra su apetito irresistiblemente despertado por esta discusión de la cláusula de fideicomiso, puede leer más del *BOD*, ¶¶ 2501-2505.

Gloria a Dios, y alabanza y amor para siempre dados,
por santos abajo y santos arriba de la iglesia en la tierra
y el cielo.

Otra pregunta: ¿Cómo protege la cláusula de fideicomiso el testimonio metodista unida a Cristo?

76. ¿CÓMO SE ELIGE A LOS OBISPOS, Y QUÉ ES LO QUE HACEN?

Los obispos son los superintendentes generales de la IMU. Elegidos de por vida (fuera de los Estados Unidos, pueden ser elegidos por un periodo), ellos sirven hasta la jubilación (ver *BOD*, ¶ 407 para otras maneras en que el cargo puede dejarse vacante) en zonas a las que se asignan por la conferencia jurisdiccional o central (véase pregunta 74). Los superintendentes de distrito son los presbíteros (véase pregunta 34) en plena conexión que son nombrados por el obispo como una extensión de la oficina del obispo. Los superintendentes de distrito sirven regiones más pequeñas dentro del área del obispo. El obispo y los superintendentes forman el gabinete; para el trabajo no conectado a los nombramientos, se les unen otros que, por su oficio se designan miembros de un gabinete ampliado. (Por ejemplo, un gabinete ampliado podría incluir el tesorero de la conferencia, el líder laico de la conferencia, y un asistente del obispo. La composición no es la misma en cada área.)

Los obispos son elegidos por los delegados en una conferencia jurisdiccional o central. Por lo general, los candidatos son propuestos por las conferencias anuales, pero cualquier presbítero en plena conexión es elegible (1 Tim. 3: 1). En la IMU, los obispos no se ordenan a un tercer orden como en las iglesias católicas romanas, ortodoxas, y anglicanas; siguen siendo presbíteros. El *BOD* recomienda que un candidato reciba el 60 por ciento de los votos emitidos (laicos y clérigos votando conjuntamente) para poder ser elegidos.

El número de obispos se determina mediante una fórmula establecida por la Conferencia General. En la actualidad, hay veinte obispos activos fuera de los Estados Unidos, cuarenta y seis obispos activos en los Estados Unidos, y noventa y cuatro obispos jubilados (quienes tienen voz pero no voto en el Consejo de Obispos). Los obispos son superintendentes generales para toda la denominación, lo cual significa que, si bien son asignados a un área de residencia, también sirven a toda la iglesia. Individual y colectivamente, los obispos cargan la responsabilidad de la vida espiritual y temporal de la iglesia (Tito 1: 7-9). Son signos de la unidad de la iglesia y se espera que enseñen a la iglesia (Hechos 15: 22-30). El Consejo de los Obispos es la expresión conjunta de liderazgo episcopal.

Los obispos presiden (pero sin derecho a voto) en las conferencias anuales, jurisdiccionales, centrales y generales. Después de consultar con los pastores e iglesias locales (a través de comités de relaciones pastor-parroquia) y con el asesoramiento de los superintendentes de distrito, los obispos nombran a los clérigos a sus lugares de servicio (véase la pregunta 78). El obispo de un área tiene la supervisión del proceso de tratamiento de quejas formales contra clérigos o laicos (véase la pregunta 77). En la IMU, los obispos ordenan ancianos y diáconos (véase pregunta 34) y consagran a obispos recién elegidos. En este papel actúan en nombre de toda la iglesia.

Quisiera yo el tiempo precioso redimir, y vivir más por esto solo, gastar y ser gastado a favor de los que todavía no han conocido mi Salvador; plenamente en ellos mi misión probar, y sólo respirar, respirar tu amor.

Otra pregunta: ¿Cómo expresa un obispo la unidad de la iglesia?

77. ¿CUÁLES SON LOS DELITOS IMPUTABLES?

El Nuevo Testamento llama a los miembros de la comunidad cristiana a que se edifiquen unos a otros (1 Cor 10,23; 1 Tes 5:11). Dentro de la iglesia, somos llamados a un pacto familiar de rendición de cuentas, para ayudarnos mutuamente a ser el mejor que cada uno pueda ser. I Pedro 4:17 informa que el juicio comienza por la casa de Dios. Les debemos un aviso al respecto a aquellos cuyo viaje les ha apartado del camino hacia la santificación. Una que cargamos esa responsabilidad es a través de los procedimientos por delitos imputables. *BOD*, ¶ 2702.1 enumera los artículos por los que se puede imputar al clero y a los ministros diaconales; ¶ 2702.2 tiene una lista de elementos por los que se pudieran imputar a los miembros en plena comunión de una iglesia local. El objetivo de estos procesos es siempre tener una resolución justa-buscar la reconciliación, la sanidad, y la justicia en el cuerpo de Cristo. Eso suena mucho al reto de 1 Corintios 1: 8: "para que seáis irreprensibles en el día de nuestro Señor Jesucristo."

Tanto la lista para el clero como la lista para laicos incluyen estos delitos:

Inmoralidad
Crimen
La desobediencia a la orden y la disciplina de la Iglesia Metodista Unida
Las enseñanzas falsas
El abuso sexual
La mala conducta sexual
El abuso infantil
El acoso, incluido el acoso racial
La discriminación de raza o de género
Relaciones y / o comportamientos que atentan contra el ministerio de un clérigo bajo nombramiento

Para el clero, hay dos elementos adicionales: la falta de hacer la obra del ministerio, y la práctica de la homosexualidad o la realización de ceremonias que celebran las uniones homosexuales o la realización de ceremonias de boda de personas del mismo sexo. (Véase *BOD*, ¶¶ 2702,1 2702,3 para la formulación exacta de todos estos delitos.)

Si una persona imputada por uno de estos delitos, hay garantías de un proceso justo, incluyendo, si la persona elige, un juicio eclesial. Hay diferencias entre los pasos en la resolución de quejas contra el clero y la resolución de quejas contra laicos. En ambos casos, antes de que el asunto se traslade a una administración judicial, hay un esfuerzo a través de una respuesta de supervisión (o respuesta pastoral) para obtener una resolución justa. Un juicio eclesial es una cuestión de último recurso. Tales juicios han sido extremadamente raros, aunque en los últimos tiempos, el desacuerdo sobre cómo ser fiel a Cristo en materia de relaciones del mismo género ha dado lugar a varios.

Con mayor frecuencia, la queja puede atenderse con el apoyo y la supervisión de iguales o con asesoramiento y terapia, o un programa de educación continua, o una amonestación privada, o una serie de posibles cambios voluntarios o involuntarios de posición. A veces, un pastor acusado se retirará voluntariamente de una relación de conferencia. El obispo puede desestimar la demanda, aunque lo hacen difícil los temores de que las cosas se barran bajo la alfombra.

La disciplina no es para el castigo, sino para la redención. La pregunta es: En este caso, ¿cómo puede fortalecerse la iglesia entera para el ministerio y la misión?

El compromiso de la iglesia a decir la verdad (2 Jn 1:4) exige que alguien que esté acusado tenga medios a través de los cuales responder. No hay una asunción de culpabilidad. Pablo llamó a la iglesia "columna y fundamento de la verdad" (1 Tim. 3:15). No existe ingrediente más importante que la verdad en la misión de edificarse el uno al otro. El mensaje del Salmo 85:10 es que el amor y la verdad son parientes. La verdad contribuye a la paz (Zac 8:16).

El procedimiento para realizar la imputación y la importancia de responder a una imputación se expresan en Efesios 4:15: hablando la verdad en amor.

Tú fuente oculta de descanso tranquilo, tú todo suficiente amor divino, mi ayuda y refugio de mis enemigos, seguro estoy si tú eres mío; y ¡he aquí! del pecado y el dolor y la vergüenza me escondo, Jesús, en tu nombre.

Otra pregunta: ¿Cuál es la relación entre la disciplina y el amor?

78. ¿POR QUÉ LOS PASTORES METODISTAS UNIDOS SE TRASLADAN TAN A MENUDO (Y OTRAS PREGUNTAS QUE NO ENCAJABAN EN NINGÚN OTRO LUGAR)?

John Wesley creía que los predicadores itinerantes que se trasladaban de un lugar a otro eran más efectivos que los que se establecían, se hacían cómodos, y agotaban lo que tenían que decir. La duración del cargo de los pastores metodistas unidos ha aumentado gradualmente a medida que las fuerzas sociales contemporáneas hacen que los pastorados más largos sean más fructíferos. Aun así, los ancianos metodistas unidos y pastores locales con licencia son nombrados por un año a la vez (a excepción de los obispos, que se asignan por cuatro años a la vez). El párrafo 331.6 del *Libro de Disciplina* describe cómo son nombrados diáconos.

Los pastores metodistas unidos se envían, no son llamados (véase pregunta 76). En un sistema conexional como el metodismo unido, la pregunta de cualquier congregación individual o de cualquier pastor individual no es "¿Qué es mejor para mí?" La pregun-

ta es "¿Qué es mejor para nosotros, toda la conexión?" (Véase pregunta 36). El que tiene la supervisión, el obispo, hace esas decisiones. (La palabra del
Nuevo Testamento para obispo es *epískopos*, que significa "el que puede ver la imagen completa.")

El cambio de pastores trae dones diferentes y a veces muy necesitados a la iglesia local (1 Cor. 12: 4). El
cambio de contexto puede mantener un pastor refres-
cado. Los viajes misioneros de Pablo son sin duda un
recordatorio de eso (por ejemplo, Hechos 13: 2-14: 7;
15: 36-18: 22; 18: 23-21: 19).

Otra pregunta: ¿Cómo está organizada la Iglesia
Metodista Unida? Hay una rama legislativa: la conferencia (Hechos 15: 1-6). Hay una rama ejecutiva: los
obispos (1 Tim. 3: 1-7). Hay un poder judicial: el
Consejo de la Judicatura (Jue 2:16.). (Para obtener
más información, consulte www.umc.org.) Este equilibrio de poder crece a partir de una doctrina del pecado: No deje que se acumule demasiado poder en un
mismo lugar.

El poder se equilibra de otras maneras. El pastor
preside el comité de nominaciones y el desarrollo de
liderazgo, pero no preside cuando el consejo de la
iglesia se reúne. El pastor decide a quién recibir como
miembro, pero no puede eliminar a alguien de la
membresía. El obispo ordena, pero la reunión ejecutiva de la conferencia decide quién se va a ordenar. El
obispo nombra a los pastores, pero el clero en plena
conexión decide quién debe ser nombrado. La conferencia de cargo local da inicio a las personas en el
camino a la ordenación, pero las juntas de ministerio

distritales y de conferencia hacen la recomendación final. Hay iguales miembros laicos y de clero en las conferencias anuales, jurisdiccionales y centrales, así como la Conferencia General. El Metodismo Unido se organiza con un sentido del equilibrio.

Las iglesias locales tienen cierta flexibilidad para organizarse de la manera que estimen mejor para llevar a cabo su misión. El consejo de la iglesia es el órgano de administración y programación. La estructura mínima incluye presidente de consejo, un comité de nominaciones y desarrollo del liderazgo, un comité sobre las relaciones pastor-parroquia, los directores financieros y fiduciarios, un líder laico, un miembro laico de la conferencia anual, un representante de los Hombres Metodistas Unidos, una representante de las Mujeres Metodistas Unidas, un representante adulto joven, un representante de la Juventud Metodista Unida, y el pastor (o pastores). Como en todos los niveles del metodismo unido, es que se preste atención a la inclusión de raza, de género, de edad, de discapacidad, y de teología.

Otra pregunta: ¿Cuál es el significado del logotipo de llama y cruz de la Iglesia Metodista Unida? La cruz de Jesucristo es central, y su vacío es nuestra salvación; las llamas del Espíritu Santo nos envían adelante para servir en el mundo. (Algunos añaden que las dos llamas se mezclan para formar una llama, al igual que la Iglesia Evangélica de los Hermanos Unidos y la Iglesia Metodista se unieron para formar una sola denominación.) Se permite solo el uso oficial metodista unida de la imagen.

Cristo, cuya gloria llena los cielos, Cristo, la verdadera, la única luz, sol de justicia, surge, que triunfa sobre las sombras de la noche; Aurora de lo alto, está cerca; Estrella de día, aparece en mi corazón.

Otra pregunta: Si pudiera cambiar una cosa de la Iglesia Metodista Unida ¿cuál sería?

Himnos Citados

Las citas al final de cada respuesta provienen de los himnos de Charles Wesley. Las referencias que se dan aquí indican la estrofa y el número de himno donde esas selecciones aparecen en el *Himnario Metodista Unido*. Por ejemplo, "332.1" significa la primera estrofa del himno 332, y "88.4" significa la cuarta estrofa del himno 88.

CAPÍTULO 1: DIOS

1. 332.1 "Spirit of Faith, Come Down"
2. 88.4 "Maker, in Whom We Live"
3. 561.4 "Jesus, United by Thy Grace"
4. 384.4 "Love Divine, All Loves Excelling"
5. 635.2 "Because Thou Hast Said"
6. 96.3 "Praise the Lord Who Reigns Above"

CAPÍTULO 2: JESUCRISTO

7. 240.2b "Hark! the Herald Angels Sing"
8. 240.2a "Hark! the Herald Angels Sing"
9. 287.1 "O Love Divine, What Hast Thou Done"
10. 363.2 "And Can It Be That I Should Gain"
11. 302.2 "Christ the Lord Is Risen Today"
12. 718.1 "Lo, He Comes with Clouds Descending"

CAPÍTULO 3: EL ESPÍRITU SANTO

13. 332.2 "Spirit of Faith, Come Down"
14. 603.4 "Come, Holy Ghost, Our Hearts Inspire"
15. 438.1 "Forth in Thy Name, O Lord"
16. 346.3a "Sinners, Turn: Why Will You Die"
17. 501.1 "O Thou Who Camest from Above"
18. 554.3 "All Praise to Our Redeeming Lord"

CAPÍTULO 4: LA HUMANIDAD

19. 88.1 "Maker, in Whom We Live"

20. 355.2 "Depth of Mercy"

21. 388.1 "O Come and Dwell in Me"

22. 384.2b "Love Divine, All Loves Excelling"

23. 417.4 "O For a Heart to Praise My God"

24. 709.3 "Come, Let Us Join Our Friends Above"

CAPÍTULO 5: LA SALVACIÓN

25. 385.1 "Let Us Plead for Faith Alone"

26. 355.5 "Depth of Mercy"

27. 355.3 "Depth of Mercy"

28. 410.3 "I Want a Principle Within"

29. 385.2 "Let Us Plead for Faith Alone"

30. 339.1 "Come, Sinners, to the Gospel Feast"

CAPÍTULO 6: LA IGLESIA

31. 550.5 "Christ, from Whom All Blessings Flow"

32. 562.4 "Jesus, Lord, We Look to Thee"

33. 554.4 "All Praise to Our Redeeming Lord"

34. 650.3 "Give Me Faith Which Can Remove"

35. 438.2 "Forth in Thy Name, O Lord"

36. 554.2 "All Praise to Our Redeeming Lord"

CAPÍTULO 7: EL CULTO Y LOS SACRAMENTOS

37. 57.1 "O For a Thousand Tongues to Sing"

38. 627.1 "O the Depths of Love Divine"

39. 627.4 "O the Depths of Love Divine"

40. 606.3 "Come, Let Us Use the Grace Divine"

41. 613.4 "O Thou, Who This Mysterious Bread"

42. 96.2 "Praise the Lord Who Reigns Above"

CAPÍTULO 8: LA BIBLIA

43. 603.2 "Come, Holy Ghost, Our Hearts Inspire"

44. 595.4b "Whether the Word Be Preached or Read"

Lecturas complementarias

Además de los libros de consulta mencionados en "Bienvenido al libro", se puede recurrir a estos artículos para una profundización adicional.

Abraham. William J. *Wesley for Armchair Theologians.* Louisville, KY: Westminster John Knox Press, 2005.

Albright, Raymond W. *A History of the Evangelical Church.* Harrisburg, PA: Evangelical Press, 1956.

Behney, J. Bruce, and Paul H. Eller. *The History of the Evangelical United Brethren Church.* Edited by Kenneth W. Krueger. Nashville: Abingdon Press, 1979.

Carder, Kenneth L. *Living Our Beliefs: The United Methodist Way.* Nashville: Discipleship Resources, 2013.

Core, Arthur C. Philip *William Otterbein: Pastor, Ecumenist.* Dayton, OH: Board of Publication of the Evangelical United Brethren Church, 1968.

Gooch. John O. *John Wesley for the 21st Century.* Nashville: Discipleship Resources, 2006.

Heitzenrater, Richard P. *Wesley and the People Called Methodists.* Nashville: Abingdon Press, 1995.

Joyner. F. Belton, Jr. *Being United Methodist in the Bible Belt.* Louisville, KY: Westminster John Knox Press, 2008.

Kirby, James E., Russell E. Richey, and Kenneth E. Rowe. *The Methodists.* Westport, CT: Praeger Publishers. 1998.

Klaiber, Walter, and Manfred Marquardt. *Living Grace: An Outline of United Methodist Theology.* Nashville: Abingdon Press, 2001.

Norwood, Frederick A. *The Story of American Methodism.* Nashville: Abingdon Press, 1974.

Richey. Russell E., Kenneth E. Rowe, and Jean Miller Schmidt. *The Methodist Experience in America: A History.* Vol. 1. Nashville: Abingdon Press, 2010.

Todos estos libros están disponibles a través de Cokesbury.com (1-800-672-1789) or TheThoughtfulChristian.com (1-800-554-4694).

Notas

[1] Nota del Traductor: Aquí empleamos el término "expiación", pero en la versión original en inglés, el autor emplea "atonement" (at-one-ment) que da mayor sentido a la explicación que aparece en este párrafo.

[2] En la versión en español *Obras de Wesley*, este corresponde al Sermón 11, Tomo I, Pg. 210

[3] En la versión en español *Obras de Wesley*, este corresponde al Sermón 45, Tomo III, Pg. 125

[4] En la versión en español *Obras de Wesley*, esta cita corresponde al Tomo III, Pg. 127

[5] En la versión en español *Obras de Wesley*, esta cita corresponde al Tomo V, Pg. 190-191

[6] En la versión en español *Obras de Wesley*, este corresponde al Sermón 45, Tomo III, Pg. 133

[7] En la versión en español *Obras de Wesley*, este corresponde al Sermón 39, Tomo III, Pg. 18

www.ingramcontent.com/pod-product-compliance
Lightning Source LLC
Chambersburg PA
CBHW021626120626
46545CB00002B/413